자살도 지겹다

자살도 지겹다

초판 1쇄 발행 2022년 12월 25일

지은이 이태산
제작 메이킹북스

발행처 인디펍
발행인 민승원
출판등록 2019년 1월 28일 제2019-8호
주소 61180 광주광역시 북구 용주로 40번길 7 (용봉동)
전자우편 cs@indiepub.kr
대표전화 070-8848-8004
팩스 0303-3444-7982

ISBN 979-11-6756-183-1 (03810)
값 12,000원

자살도 지겹다

지겹다

이태산 에세이

차례

첫 번째 자살

　내 첫 자살 시도는 고등학교 시절이었다. 언제부터 자살이라는 것을 생각하게 되었을까? 사춘기가 시작된 중학교 시절부터 늘 자살에 대한 생각을 가지고 살았는데, 행동에 옮기게 된 것은 고등학교 시절이었다. 모두가 잠든 저녁 시간, 마트에서 산 로프를 가지고 산에 올랐다. 로프를 걸기 적합한 나무를 찾아보다가 가지가 아주 튼튼해 보이는 나무를 찾았다. 거기에 로프를 걸고 발 디딤대로 삼을 무언가를 찾았는데 공교롭게도 근처에 의자가 있었다. 나는 빠르게 의자를 옮기고 그걸 지지대로 삼아 올라간 후 로프를 목에 걸었다. 모든 것이 속전속결이었다. 망설이면 실패할 거라는 생각이 있었기 때문이다. 모든 것이 여기서 끝난다. 아직 20년도 채 살지 못한 쓰레기 같은 인생이 여기서 끝난다. 나는 의자를 발로 찼다.

　그렇게 모든 것이 끝날 줄 알았다. 하지만 튼튼할 줄 알았던 가지는 무게를 감당하지 못하고 부러져 버렸다. 겉은 튼튼해 보였지만 속은 썩어 있었던 나와 닮은 가지였다. 눈물이 흙바닥을 적셨다. 나는 왜 이런 고통을 겪어야 하며 왜 난도질당한 마음 위에 또 다른 칼자국을 새길 수밖에 없는가. 절규했다. 소리쳐 울었다. 왜 나의 아버지는 노숙자이며 어머니는 장애인이 되어 버린 것인가. 처음부터 이러지는 않았는데, 어디서부터 잘못된 것일까?

　신을 원망했다. 더는 절대자의 존재를 믿지 않고 니체와의 만남을 통해 내 안에 있는 신을 죽여 버렸다고 생각했는데 이런 순간이 오자 다시 신을 찾았다. 근본이 모태 신앙인지라 결국 최후의 순간에는 신이라는 존재와 마주할 수밖에 없었다.

하지만 원망도 잠시. 무언가를 원망할 힘을 상실해 버렸다. 그저 눈물 흘릴 뿐이었다. 유년 시절 눈물샘에게 과로를 시켜서, 더는 이렇게 많은 눈물을 흘리리라고는 생각하지 못했다. 나는 해가 뜰 때까지 울었다. 사람이 이렇게 많은 눈물을 흘릴 수 있나 싶을 정도로 울었다. 해가 뜰 때까지 슬픔을 쏟아내는 일을 멈추지 않았다. 사실 해가 뜨는 건 상관이 없었지만, 등산객이 올라오는 소리가 들려서 황급히 산을 내려갔다.

나는 왜 자살을 시도했는가? 그건 보일러가 고장 나 버려서다. 거짓말이 아니다. 실제가 그렇다. 어머니가 정신 병원에 입원하고 얼마 지나지 않아 보일러가 고장 나 버렸다. 수리 기사를 불렀으나 보일러를 고치는데 많은 비용이 들어감을 확인하고 수리하는 걸 포기해 버렸다. 그냥 샤워를 포기하고 찬물로 머리를 감고 세수를 하고 발을 씻고 이를 닦았다. 목욕탕에 가면 되었지만 나에게는 그 돈도 아까웠다. 친척들이 먹고살라고 준 돈은 부족했다. 그렇다고 돈을 더 달라고 하기에는 자존심이 상했다. 결국 찬물로 샤워를 하게 되었고 심한 몸살에 걸렸다. 그렇게 혼자 추위에 떨며 몸살을 이겨냈다. 생각보다 비참하진 않았다. '뭐 그럴 수도 있지'라고 생각했다.

나는 고민에 빠졌다. 뭐 죽느냐 사느냐의 고민은 아니고, 그냥 어떻게 씻어야 하냐는 고민이었다. 그러다 묘수가 떠올랐다. 바로 마트로 향했다. 이곳저곳을 둘러보다가 유치원생도 들어갈 법한 큰 양동이를 샀다. 집으로 돌아와 양동이에 물을 넣고 물을 끓였다. 끓는 물을 가지고 화장실로 들어가 세면대에 뜨거운 물을 한 바가지 쏟았다. 그리고 찬물을 틀어 세면대를 가득 채우니 씻기에 알맞은 온도가 되었다. 그렇게 샤워를 했다.

　하지만 만족은 얼마 가질 못했다. 하루는 학교를 마치고 집으로 돌아와 양동이에 물을 채우고 화장실로 향했다. 양동이를 바닥에 놓으려는데 그만 미끄러져 버렸다. 머리가 바닥에 부딪히고 뜨거운 물이 피부에 닿았다. 일어나려는데 다리에서 쥐가 났다. 분명 아파야 할 곳은 머리와 다리, 뜨거운 물이 닿은 피부였는데 그곳은 전혀 아프지 않고 가슴이 아팠다.

첫 키스

인기가 많은 사람을 보면 사람을 끌어당기는 기운을 뿜어내고 있다. 부끄럽지만 나에게도 그런 기운을 뿜어내던 시절이 있었다. 아주 오랜 기간은 아니고 딱 2년 정도. 바로 초등학교 5학년 시절과 6학년 시절이다. 나는 그 시절에 첫 키스를 했다.

오랜만에 초등학교 시절 동창이었던 한 여자와 연락이 닿았다. 이런저런 근황 이야기를 나누다가 그녀가 "나 사실 초등학교 때 너 좋아했어." 이런 말을 들을 때마다 왜 그 시절에 고백을 안 하고 지금 와서야 이런 말을 하느냐고 하면서 웃는다. 누군가가 나를 좋아했다는 이야기를 듣는 것은 기분 좋은 일이다. "왜 좋아했는데?" "그때의 너는 왠지 모르게 우울한 분위기를 풍겼는데 그게 참 성숙하고 신기했어." 그렇다. 나는 그 시절부터 우울한 분위기를 풍겼다. 사춘기 시절부터 나의 인기가 급감한 이유는 여러 가지가 있겠지만 우울한 분위기가 또래가 수용할 정도를 넘어섰기 때문일지도 모른다. 뭐든지 과유불급이 아닌가.

지금은 그리 큰 키가 아니지만 초등학교 시절엔 또래들보다 키가 많이 컸고 발육이 좋았기 때문에 힘이 강했다. 가정에서 나오는 스트레스를 싸움이나 괴롭힘으로 풀었다. 그렇게 하루하루를 보내다 보니 어느새 우두머리의 위치에 서게 되었다. 이것도 인기의 한 요소가 되었다. 소위 '짱'이라는 위치에 있었기 때문에 나를 좋아했던 아이들도 있었다.

당시에는 세이클럽이라는 메신저를 통해 친구들과 연락을 주고받았는데, 나의 메시지 함에는 여자아이들의 쪽지로 가득 차 있었다. 하지만 그 때는 부끄러움이 많았기 때문에 대부분의 메시지를 무시했다. 또 동년배 여자아이들의 생각하는 수준이 낮다고 여겼기 때문에 별로 관심이 가지 않았다.

나는 어린 시절부터 연상을 좋아했다. 스스로가 동년배보다 생각하는 수준이 높다고 여겼기 때문에 나이가 더 많은 여자만이 나와 말이 통한 다고 생각했다. 그러던 와중 한 중학생 누나가 메시지를 보내왔다.

연상의 관심을 받았던 건 그때가 처음이었다. 우리는 메신저를 통해 많은 이야기를 주고받았고, 얼마 안 가 직접 만나서 코인 노래방에서 함 께 놀기도 했다. 사실 그 아이가 연상다웠는지는 잘 모르겠다. 하지만 나보다 나이가 많았고 동년배 여자아이들보다 육체적으로 성숙했기 때 문에 끌렸다.

하루는 그 아이가 자신의 집으로 날 초대했다. 집으로 가 보니 그 아이 말고는 아무도 없었다. 우리는 함께 거실에 있는 소파에 앉아 tv를 보며 이야기를 나누었다. 갑자기 그 아이가 "너 키스해 봤어?"라고 물었다. 나 는 당연히 해 본 적이 없다고 답했다. "나랑 한번 해 볼래?" 나는 침만 삼 키고 아무 말도 하지 않았는데, 그 아이가 내 곁으로 바짝 붙어 앉았다.

갑자기 그런 생각이 들었다. 여자가 주도하는 키스를 하는 것은 남자답 지 못하다. 나는 여자아이의 몸을 강하게 잡아당기고 입술을 갖다 댔다. 어디서 배운 것도 아닌데 입술이 열리고 혀와 혀가 만나 타액을 교환했 다. 참으로 새로운 느낌이었다. 우리는 미숙했지만 짧지 않게 서로의 호흡 을 나누어 가졌다.

그렇게 첫 키스가 끝나고 집으로 돌아왔다. 키스를 할 때는 육체적 만족감이 들었지만 하고 나니 허무했다. 그것은 아마 사랑이 부재했

기 때문이 아닐까. 첫 키스는 사랑하는 사람과 하고 싶었는데 그 점이
아쉬웠다.

그 아이는 내게 몇 번 더 연락을 해 왔지만 무시했다. 그 허무감이 싫었
기 때문이다. 무의미한 느낌. 더는 느끼고 싶지 않았다.

첫 흡연

　내가 처음으로 담배를 피운 건 초등학교 3학년 때였다. 당시의 나는 경산에서 수원으로 전학 온 지 얼마 되지 않은 상태였다.(한 학기 만에 다시 경산으로 돌아간다.) 수도권에서 경상도 사투리를 쓰는 아이는 눈에 띄기 마련이다. 사투리라는 것이 특히나 처음 접하는 경우에는 더 인상적일 테니, 아이들의 이목을 끌기에는 그만한 것이 없다. 전학 온 첫날 자기소개를 하는 시간에 내가 자기소개를 하자 교실에 웃음바다가 터졌다. 나는 영문을 몰랐다. 쉬는 시간이 되자, 아이들이 내 주변으로 몰려들어 자꾸 말을 시켰다. 그들은 사투리가 나올 때마다 매우 즐거워했다.

　하지만 그걸 탐탁지 않게 여기는 아이들이 있었다. 하필 그 아이들이 질이 안 좋은 아이들이었다. 며칠 지나지 않아 그들 중 한 명이 내게 시비를 걸어왔다. 몇 번을 참았다. 하지만 계속되는 괴롭힘에 참을 수 없는 분노를 느꼈다. 계속 참기만 한다면 남자로서의 자존심이 무너지는 거라 생각했다. 나는 소년에 면상에 주먹을 꽂았다. 당황하고 있는 녀석에게 몇 번 주먹을 꽂으니 싸움은 끝이 났다.

　방과 후 나를 탐탁지 않게 여기는 아이들이 다가왔다. 솔직히 겁이 났다. 1대 1이 아니라 1대 다수라면 승산이 희박하다고 생각했다. 그런데 우두머리로 보이는 아이가 손을 내밀었다. "앞으로 우리랑 놀자."

　그 짧은 시간에 많은 생각을 했다. 저 손을 잡아야 하나 말아야 하나. 그들과 적대할 만큼 배포가 크지 않았기에 손을 잡을 수밖에 없었다. 나는 자연스레 그 무리에 속하게 되었다. 그들은 질이 좋지 않았다. 약해 보이는 아이들을 괴롭히거나 때렸다. 나는 방관자적인 태도를 취했지만 피해자들 입장에선 다 똑같은 가해자로 보였을 것이다. 마음이 편하진 않았지만 한편으로는 안심이 되었다. 이들 무리에 속해 있으면 최소한 피해자는 되지는 않기에.

하루는 우두머리의 집에서 함께 모여 놀았다. 그의 부모는 자영업을 해서 평소에 집에 잘 없었다. 우리는 신나게 tv를 보며 시간을 보내고 있는데 갑자기 그가 방으로 들어가더니 손에 무언가를 들고 왔다. 담배였다.

아이들은 자연스럽게 담배를 입에 물고 불을 붙였다. 거실에 담배 냄새와 연기가 퍼져 가기 시작했다. 그래도 그들은 내게 권하지 않았다. 다만 우두머리가 한마디만 했다. "너는 이런 거 피워 본 적 없지?" 순간적으로 발끈했다. 무시 받는 건 싫었다. 남자다워 보이고 싶었다. 그래서 담배를 입에 물고 불을 붙였다. 그런데 불이 붙지 않았다. 아이들은 나를 보고 웃었다. "야 빨아들여야 불이 붙지." 그들의 말대로 공기를 빨아들이니 불이 붙었다.

헛기침을 하니 아이들이 다시 웃었다. 부끄러웠다. 그들보다 어린 존재가 된 것만 같아서 싫었다. 담배 연기는 매우 역했지만 나는 억지로 헛기침을 참으며 담배를 피웠다. 그때가 나의 첫 흡연이었다. 이후로도 우리는 함께 모여 담배를 피웠다. 당시에는 심부름 왔다고 하면 슈퍼에서 담배를 팔았기 때문에 구하는 데 어려움이 없었다.

침묵하는 부모들

나는 침묵하는 부모들을 이해할 수 없었다. 왜 그들은 자식이 폭력을 당하고 들어오는데 침묵했을까? 그들의 생각은 도대체 무엇이었을까? 도무지 이해가 가질 않는다.

내가 다니는 유치원에 날 싫어하는 아이가 있었다. 그는 항상 나를 노려보았으며 지나갈 때 툭 치고 가거나 욕을 했다. 나는 그에게 밉보일 짓을 한 적이 없었다. 차라리 그런 짓을 했다면 이해가 갔을 테지만 괴롭힘에는 이유가 없었다.

하루는 다른 아이들과 놀고 있는데 등 뒤에서 누군가가 나를 강하게 밀쳤다. 그대로 넘어져 버렸는데 그 아이가 내 위에 올라타서 나를 폭행하기 시작했다. 때리고 할퀴고 침 뱉고 행할 수 있는 폭력을 모두 다 행했다. 마침 그 시간이 교사 없이 아이들끼리만 노는 시간이었기에 폭력의 시간은 꽤나 길었다. 잠시 후 교사가 다가와 우리들을 떼어 놓을 때까지 나는 맞기만 하였다. 교사가 나를 다른 방으로 데리고 가서 약을 발라 주었다. 거울에 비친 모습을 보니 곳곳에 멍과 손톱자국이 나 있었다. "부모님이 아시면 큰일 나겠다." 솔직히 나는 기대를 했다. 내 부모가 그 아이를 혼내줬으면 하는 기대.

하지만 그런 일은 없었다. 어머니는 그저 울면서 나를 끌어안고 기도만 했을 뿐 그 아이 집에 찾아가서 따지거나 하지 않았다. 나의 부모는 그저 침묵했다. 왜 그랬을까? 도대체 어떤 이유에서 침묵했던 것일까? 그때도 지금도 나는 이해가 가질 않는다.

　초등학교 4학년 무렵부터 나는 아이들을 괴롭히고 때리기 시작했다. 그리고 초등학교 6학년 때까지 그런 행동들은 계속 되었다. 그렇게 많은 아이들을 때리고 괴롭혔지만 한 번도 그들의 부모가 날 찾아와 혼냈던 적이 없었다. 그들은 침묵했다. 왜 그랬을까? 그들은 왜 나에게 와서 따지지 않았던 것일까? 전학을 가야 할 죄를 지은 건 나인데 피해자들이 전학을 갔다. 그리고 그들의 부모는 침묵했다.

　침묵하는 부모들을 나는 지금도 이해할 수가 없다.

동네 형들

어린 시절에는 친구를 사귀기가 쉬웠다. 오후에 놀이터에만 나가도 먼저 다가와 함께 놀자던 형, 동생들이 많았다. 함께 축구를 하기도 하고 잠자리를 잡으러 가기도 하고 같이 비디오를 보기도 했다. 초등학교 고학년 정도부터 컴퓨터가 아이들을 지배했지만 그 이전에는 밖에서 모여 노는 것이 당연했다.

나는 매일 밖으로 나가서 그들과 함께했다. 사춘기가 시작된 중학교 시절부터의 나를 본 사람들은 상상도 못할 모습이다. 사춘기 시절에는 집 밖으로 나가지 않고 컴퓨터만 했지만 초등학교 때까지만 해도 집에 있는 걸 못 견디는 유형의 아이였다.

그들은 외로움을 달래 주는 존재였으며 여러 재미를 안겨 주었다. 하지만 친하게 지냈던 몇몇 동네 형들은 질이 나빴다. 나는 그들과 함께하며 여러 비행을 했다. 첫 번째로 생각나는 것은 함께 모여 포르노를 봤던 것이다. 3~4명 정도가 비어 있는 집에 모여서 포르노 사이트에 들어가 함께 포르노를 보았다. 그중 한명은 극도로 흥분하여 모두가 보는 곳에서 자신의 성기를 드러내고 자위도 했다. 나는 그때 자위가 무엇인지 알게 되었다. 우리는 모두 초등학생이었다.

사실 이 일화는 별로 충격적이지 않다. 하루는 형이 마트에 가서 도둑질을 하자고 했다. 우리는(무리는 항상 3~4명 정도 되었다.) 그를 따라 마트로 가서 작고 비싼(겉에는 초콜릿이 덮여 있고 안에는 장난감이 든) 과자를 여러 개 훔쳤다. 나름 주도면밀했던 것은 절대 주머니에 넣지 않았다는 점. 티 나지 않게 소량만 바지나 티셔츠에 넣어 빠져나왔다. 우리는 그렇게 몇 번 도둑질을 했다. 하루는 마트에서 일하는 직원이 우리를 불러 세우고 주머니를 확인했다. 가슴이 철렁하던 순간이었다. 하지만 주머니에는 당연히 과자를 넣지 않았기에 걸리지 않았다. 그 이후 그 마트에서 도둑질을 하지 말자고 형이 말했다. 그렇게 우리는 걸리지 않고 도둑질을 끝냈다.

"걸레 만나러 가자." 당시에는 걸레라는 단어가 무엇을 뜻하는지 알지 못했다. 그냥 형이 가자니까 따라갔다. 우리는 한 빌라로 들어가 옥상으로 향했다. 거기에는 또래로 보이는 누나가 한 명 있었다. 생김새는 매우 평범했다. 그녀가 형에게 물었다. "몇 명이야?" "4명." 우리를 이끌고 간 형이 갑자기 그 여자와 키스를 하기 시작했다. 30초에서 1분 정도의 시간이 지나고 다른 형이 그 여자와 키스를 했다. 다른 형도 키스를 끝내자 옥상에 있던 눈동자가 모두 나를 향했다. 나는 하고 싶지 않았다. 더러워 보였기 때문이다. "나는 안 할래."

그래도 그 형들이 좋았던 점은 강요하지 않았다는 점이다. 내가 싫다고 하면 거기서 더 권유하지 않았다. 그들은 주머니에 있던 돈을 모아 그 여자에게 주었다. 그날은 그렇게 끝났지만 과연 그들이 이후에도 키스만 했을지는 모르는 일이다. 충분히 이상한 분위기가 감돌았기 때문이다. 거기에 있던 모든 사람들은 초등학생이었다.

"이걸 하면 기분이 무척 좋아져." "누가 가르쳐 준 거야?" "아는 중학생

형들한테 배웠어." 부모가 없는 빈집, 우리는 거기에 모였다. 한 명이 본드와 비닐봉지를 꺼냈다. "그걸로 뭐 하게?" "잘 봐." 더 이상 묘사하진 않겠다. 나는 거길 빠져나왔고 남은 아이들이 무엇을 했을진 모르겠다.

사실 그들과 어울리면서도 최악의 행동까지 하지 않은 이유는 내가 크리스천이었기 때문이다. 다른 건 무섭지 않았지만 하나님은 무서웠다. 지금 와서 생각해 보면 종교를 믿은 것이 얼마나 다행인지 모른다. 나는 아이들이 순수하다거나 깨끗하다는 말들은 믿지 않는다. 어린 나이부터 타락한 인간들을 너무 많이 봐 왔기 때문이다.

무지가 빚은 촌극

　내가 처음으로 포르노를 본 건 초등학교 저학년 때였다. 친했던 동네 형 집에서 놀고 있는데, 그 형이 컴퓨터 게임을 하다가 갑자기 포르노를 틀었다. 거기엔 인간의 형상을 한 존재들이 나왔지만 그들은 인간이라기보다는 짐승처럼 보였다. 먼저 떠오른 감정은 혐오였다. 그리고 추악함도 따라 나왔다. 얼마간 멍하니 그들의 행위를 지켜보았다. 좀 더 시간이 지나자 영상을 튼 형에게 이것저것 질문을 했다. "섹스를 해야 아기가 생기는 거야. 몰랐지? 너희 부모님도 널 이렇게 만들었어."

　충격적이었다. 정말 세상의 모든 부모들이 저런 행위를 했단 말인가? 정말 아기를 만드는 행위가 저렇게 추악하단 말인가? 이전까지 나는 천사가 아기를 데려오는 줄 알았다. 목사가 그렇게 가르쳐 주었기 때문이었다. 나의 혼란은 커져만 갔다. 올바른 성교육이 필요했지만, 한국의 성교육 현실은 참담하기만 했고 나는 갈피를 잡지 못했다. 정말 내 부모도 저런 행위를 했을까? 나는 혐오스러움을 느꼈다. 그건 나뿐만이 아니라 주위에 있던 친구들도 마찬가지였다. 끼리끼리 논다고 내 주변에는 그 정도 나이에 포르노를 보기 시작한 아이들이 몇 있었다.

　분명 더러움을 느꼈는데 왜일까? 자꾸만 포르노가 떠오르고 보고 싶었다. 같이 놀던 형들이나 친구들 집에 부모가 부재하면 포르노를 보았다. 그건 분명 더러웠지만 '더러움'이라는 하나의 단어로만은 표현할 수 없는 '무엇'이었다.

포르노를 본다고 모두 다 자위를 한 건 아니었지만 자위를 시작한 친구들도 있었다. "너도 한 번 해 봐. 정말 기분이 끝내준다니까?" 그렇지만 나는 자위를 하지 않았다. 그 행위를 하는 것 자체가 뭔가 죄를 짓는 것으로 여겨졌기 때문이다. 이미 포르노를 보는 것만으로도 죄를 범하고 있다고 생각했기에 자위는 하지 않았다. 나를 모순적 인간이라고 생각할 수도 있다. 그것에 대해 부정하진 않겠다. 나는 확실히 위선자였고 모순적인 인간이었다.

하루는 한 친구가(이제부터 a라고 부르겠다) 다가와 어제 본 포르노에 대한 이야기를 했다. a는 성관계는 남녀만 할 수 있는 것이 아니라 남자와 남자도 할 수 있다고 했다. "어제 본 영상에서 남자끼리 섹스를 하던데?" "정말이야?" "응. 너도 한 번 볼래?" 하지만 나는 그 영상을 보지 않았다. 성 관념이 아직 제대로 서지 않은 시기임에도 남자끼리 그런 행위를 한다는 것은 옳지 않게 다가왔기 때문이다. 하지만 마음속 한편에 궁금함이 자리 잡았던 것은 사실이다.

어느 날 a가 자기 집으로 나를 초대했다. 혼자 간 것은 아니고 b라는 친구도 함께였다. 우리는 a의 집으로 향했다. a의 집에는 아무도 없었다. 우리는 컴퓨터 앞에 둘러앉아 차례로 게임을 했다. 그러다 a가 "야동이나 볼래?" b는 좋다고 고개를 끄덕였고 나는 가만히 있었다. 우리는 남녀가 나오는 포르노를 보았다. 신기했다. 이렇게 추악한 영상에 몸은 반응한다는 것이.

한참 영상에 집중을 하고 있는데 갑자기 a가 말했다. "우리 실제로 한 번 해 볼까?" 나는 고개를 저었고 b는 동의했다. 그들은 옷을 벗기 시작했는데 둘 다 발기가 된 상태였다. 누가 정한 것도 아닌데 b가 여자의 역할을, a가 남자의 역할을 했다. "왜 발기가 풀리지?" a는 b에게 삽입하려 했지만 성기가 힘을 잃어 시도는 실패로 돌아갔다. 하지만 a는 힘을 잃은 성기를 잡고 b에게 억지로 삽입을 시도했다. 이번 시도는 성공이었다. 하지만 딱 거기까지였고 a는 냄새가 난다며 바로 행위를 중지했다. 나는 그 광경을 모두 지켜보고 있었다.

그들은 동성애자가 아니었다. 그저 성적으로 무지한 아이들이었을 뿐이다.(그래도 순수하다는 표현은 쓰고 싶지 않다.) 교육은 중요하다. 특히나 성교육은 더욱 더 중요하다. 제대로 된 성교육만 받았다면 일어나지 않았을 일이 아닐까?

악어의 눈물

초등학교 4학년쯤부터 분노를 타인에게 표출하기 시작했다. 가정에서 받은 스트레스를 학교에서 풀었다. 약한 아이들을 괴롭히고 싸움을 즐겼다. 그런 자신의 모습이 퍽 남자다워 보였기에 만족스러웠다. 하지만 다른 한편으로는 굉장한 죄의식에 사로잡혔다.

나는 모태 신앙이었고 신앙심이 두터웠다. 주위의 그 누구보다도 교회를 열심히 다녔고 일주일에 6일은 교회를 찾았다. 그 시절에 교회를 찾게 되면 자주 회개 기도를 했다. 때로는 눈물마저 흘리면서 말이다. 지금에 와서 보아도 헷갈린다. 나는 진심으로 눈물을 흘렸던 것일까? 아니면 하나님께 보이기 위한 연기를 했던 것일까? 확실한 건 진심으로 회개하면 죄를 용서받을 수 있다고 믿었다는 사실이다. 하지만 그런 회개와 반성조차도 교회 문밖을 넘어서면 사라졌다. 폭력이 너무나 달콤했기 때문이다. 주먹 앞에 굴복하는 아이들을 볼 때마다 짜릿함을 느꼈다.

원래는 가정에서, 그리고 학교에서 폭력을 당하는 위치에 있었는데, 정신을 차려 보니 학교에서는 가해자가 되어 있었다. 가정에서는 여전히 피해자였지만 말이다. 변명하고 싶지 않다. 그 시절의 나는 쓰레기였다. 자신의 아픔을 해소하는 방식으로 타인에게 육체적으로나 정신적으로 상처를 주었다.

피해자가 어떤 고통을 겪는지 누구보다 잘 알았음에도 멈추지 않았다. 나의 폭력은 일종의 절규였다. 친구들에게 강한 남자로 인정받고 싶다는,

아이들에게 무시당하고 싶지 않다는, 모두의 관심을 받고 싶다는, 욕구의 표출이었다. 어느새 다니던 학교뿐만 아니라 옆 학교에서도 이름을 아는 존재가 되어 있었다. 나의 악명은 하늘 높은 줄 모르고 치솟았고 친한 친구들조차도 나를 두려워하는 것이 느껴졌다. 정신을 차려 보니 학교의 우두머리가 되어 있었다. 모두들 내 주먹 앞에 굴복한 것이다.

그 과정에서 많은 악행을 저질렀다. 하지만 나는 어떠한 처벌도 받지 않았다. 피해자들의 부모는 침묵했으며, 법적으로는 처벌받을 나이가 아니었다. 그런 나에게 정신적인 부분에서 교회가 안식처가 되어 주었다. 회개를 하면 용서받을 수 있다는 가르침이 나의 영혼을 씻겨 주었다. 확실히 나는 모순적 인간이었으며 앞뒤가 다른 위선자였다.

단순히 어리다는 이유로 감형을 받고 싶지 않다. 나는 충분히 알고 있었다.

남매 폭행

　형제가 있었으면 하고 바랐던 순간은 없다. 우리 집은 가난했고 정서적으로도 아이가 성장하기에 좋은 환경이 아니었다. 나와 가장 가까운 존재가 같은 고통을 겪는 모습을 보지 않아 다행이라고 여겼다. 사실 존재한 적도 없는 존재에 대해 이야기하는 것은 이상한 느낌을 준다. 마치 공상 과학 소설을 구상하는 것 같은 느낌이랄까. 물론 나도 우애가 깊은 형제가 있는 편이 좋지 않을까, 하는 생각은 해 봤다. 하지만 그런 생각은 금방 사라져 버리곤 했다.

　아마 초등학교 3학년에서 4학년으로 넘어가는 시점에 벌어진 일이었다. 나는 한 아이를 지속적으로 때렸다. 그 시절의 나는 폭력의 맛을 알아 가는 단계였다. 또래 집단 내에서 폭력으로서 자신의 존재를 확인할 수 있음을 깨닫게 되는 시기였다. 그 아이가 잘못한 것은 없다. 다만 나를 만났기 때문에 피해자로 전락했을 뿐이다. 솔직히 말하겠다. 내가 좋지 못한 가정 환경에서 태어난 것이 그저 운이었던 것처럼, 그 아이가 나를 만나 폭행을 당하는 것이 그저 그 아이의 운이라 생각했다.

　그렇다고 죄의식을 느끼지 못했던 것은 아니다. 분명히 죄의식을 느끼고 있었고 교회에 가서 회개 기도를 했다. 그 행위로 용서받았다고 생각했으며 죄가 씻겨 나갔다고 여겼다.

　하루는 기분이 좋지 않아서 그 아이의 뒤통수를 손바닥으로 후린 적이 있었다. 그 아이는 울면서 어디론가 갔다. 나는 전혀 신경 쓰지 않고 다른 친구들과 이야기를 나누었다. 몇 분이 지나지 않은 시점에 키가 큰 누나 한 명이 그 아이와 함께 교실로 들어왔다. 같은 학교 6학년에 누나가 다니고 있다는 이야기를 들었던 기억이 났다. 피해자는 나를 손가락으로 가리켰고 그들은 나에게로 다가왔다. "네가 우리 동생 괴롭힌다며?" 나는 대꾸조차 하지 않았다. "야, 사람이 말을 하면 들어야 할 거 아니야!" 귀찮았다. 그냥 쉬고 싶었다. 하지만 누나는 자꾸만 내게 사과를 하라는 둥 앞으로 이런 일이 있으면 가만두지 않겠다는 이야기를 했다.

아무런 반응이 없자 화가 났던지 욕을 하기 시작했다. 대략 1분 정도 욕을 듣기만 하였다. 그러다 갑자기 화가 치밀어 올랐다. 공개적인 장소에서 이러는 것은 친구들 사이에서 내 위치를 낮추는 것으로 여겨졌기 때문이다. 나는 그녀의 뺨을 손바닥으로 후려갈겼다. 순간 교실에 정적이 흘렀다. 모두가 당황한 것이 느껴졌다. 누나가 날 때렸다. 그녀가 나보다 키가 많이 컸지만 힘은 내가 더 센 것 같았다. 사실 두려움이 조금 있었다. 혹시나 여자에게 싸움을 지지 않을까 하는.

나는 빠르게 양 주먹으로 그녀의 배를 강타했다. 고통스러워하고 있는 누나의 얼굴을 손바닥으로 한 번 더 후렸다. 그녀는 울면서 교실을 떠났다. 나는 아무 말 없이 동생을 노려보았다. 그는 공포에 젖은 눈빛으로 땅을 보면서 내게 사과했다.

그는 분명 3살이나 많은 누나를 데리고 오면 상황을 정리할 수 있을 거라 생각했을 것이다. 하지만 나는 꿈쩍하지 않았고 오히려 누나마저 피해자가 되어 버렸다. 피해자 쪽에서 가해자에게 사과를 하는 마음은 어땠을까. 세상에서 가장 비참한 감정을 느끼지 않았을까.

장래 희망

어느 순간부터 누구도 장래 희망에 대해 묻지 않는다. 미래에 무엇을 하고 싶어 하는지 누구도 궁금해하지 않는다. 어떤 꿈을 꾸고 있고 어디로 나아가고 있는지 아무도 호기심을 품지 않는다. 이것은 나이가 들었다는 증거다. 가능성과 희망으로 가득했던 어린 시절과는 다르게, 지금의 우리에겐 견적이 나와 있다. 앞으로 어떻게 살아갈 것인지에 대한 보고서가 작성되어 있는 것이다.

분명 누구나 태어났을 때는 가능성으로 충만한 상태였지만, 자라면서 그 가능성들이 점차 소멸되어 간다. 현실과 타협하며 사회에 녹아들어 하나의 톱니바퀴가 되어 간다. 그것이 우리의 인생인 것일까. 꿈 많던 소년들은 어디로 간 것일까.

초등학교 시절, 교사가 종이를 나누어 주며 장래 희망에 대하여 적어 보라고 지시했다. 나는 백지를 받아들고 고민했다. 어떤 사람이 되고 싶은지, 장래에 무엇을 하고 싶은지. 생각을 끝마치고 연필을 들었다. 하얀 종이에 색을 칠했다. 작성을 끝내니 교사가 종이를 거두어 갔다.

쉬는 시간이 지나고 교사가 나에게 말했다. "너는 학교 마치고 남아." 나는 영문을 알 수 없었다. 내가 무엇을 잘못했는지 곰곰이 생각해 보았지만 아무것도 생각나지 않았다. 그날은 잘못한 것이 없었다.

학교가 마치고 아이들은 모두 교실을 떠났지만 나는 그러질 못했다. 아이들이 떠난 교실은 조용해졌고 나는 교탁 옆에 의자를 들고 가서 앉았다. "네가 쓴 장래 희망을 봤어." 내 장래 희망이 무슨 문제라도 있는 것일까? 나는 위대한 도둑이 되고 싶다고 적었다. 부정한 방법으로 재산을 모은 악인들의 곳간을 털어 가난한 사람들에게 나누어 주는 것이 꿈이라고 적었다.

"이런 장래 희망은 옳지 않아." "왜요?" "도둑질은 나쁜 행동이기 때문이야." "나쁜 방법으로 재산을 모은 악인의 돈을 가져가서 가난한 사람들에게 나누어 주는 게 왜 나쁜 행동이에요?" "아무리 결과가 선하다고 해도 도둑질은 그냥 도둑질일 뿐이야." "도둑질이 나쁜 건 남의 물건을 훔쳐서 자기의 이익을 위해 쓰니까 그런 거 아니에요? 가난한 사람들을 돕는 데에 쓴다면 나쁜 일이 아니잖아요."

이야기는 끝이 났다. 아니, 이야기는 계속되었지만 그건 대화가 아닌 훈계였다. 집으로 돌아오니 어머니가 슬픈 표정으로 나를 기다리고 있었다. 그녀는 담임으로부터 전화를 받은 상태였다. "도둑질은 옳지 않아." "왜요?" "성경에 그렇게 나와 있으니까."

구약의 율법을 그대로 받아들인다면 돼지고기도 먹지 말아야 한다. 하지만 우리 모두 그것이 지금 시대에 맞지 않다는 걸 알고 있지 않은가? 도둑질을 하지 말라고 되어 있지만 그것이 선한 목적으로 이루어진다면 전혀 나쁜 행위가 아니다. 하지만 나는 어머니에게 두 시간이나 혼나야 했다. 이후로 누군가 장래 희망을 물어보면 평범한 또래 아이들이 말할 법한 답을 내놓았다. 괜히 혼나기 싫었기 때문이다.

시간이 지나면서 한 가지의 꿈이 더 생겼는데, 이건 어른들에게 한 번도 말하지 않았다. 바로 육군사관학교에 들어가서 쿠데타를 일으켜 한국을 기독교 왕국으로 만드는 것이었다. 이단과 사이비가 존재하지 않는 세상. 얼마나 아름다운가. 나는 그것이 하나님이 나에게 주신 사명이라 믿었다.

오이디푸스

　나는 아버지란 존재를 뼛속까지 증오하고 있었다. 사실, 아버지라고 부르지도 않았다. 그를 '그 새끼'나 '개새끼'라고 불렀다. 내가 왜 그리 그 새끼를 증오하게 되었는지에 대해서는 더 적고 싶지가 않다.

　초등학교 4학년 때의 일이다. 학교를 마치고 집으로 돌아오니 그 새끼는 술 냄새를 풍기며 코를 골고 있었다. 역시 오늘도 아무 일도 하지 않고 어머니에게 기생하여 알코올 중독자답게 술이나 처먹고 하루 종일 잠만 자고 있었다. 최근엔 그래도 다행이었던 것이 술을 먹고 행패를 부리지 않았다는 것이다. 하지만 나는 개새끼가 싫었다. 너무나 증오스러웠다.

　십계명에는 부모를 공경하라는 말이 나온다. 하지만 나는 그를 아버지로 생각하지 않았기 때문에 공경하지 않아도 된다고 여겼다. 아버지로서 어떤 역할도 하지 못하는 개새끼를 왜 공경해야 하는가? 나는 오로지 어머니만 사랑했다.

　예수의 가장 큰 가르침은 사랑이다. 이웃을 사랑하고 원수도 사랑하고 모두를 사랑하라는 그의 가르침. 당연히 가족은 사랑해야 하는 법이다. 하지만 나는 개새끼를 사랑하지 않았다. 빨리 그가 죽어 버렸으면 하고 바랐다.(기도는 하지 않았다. 어차피 이런 유의 기도는 들어주지 않을 걸 잘 알고 있었기 때문이다.)

　나는 그가 교회를 가지 않고 예수를 믿지 않은 것이 좋았다. 천국에서 그를 보지 않아도 된다는 사실이 나를 너무 행복하게 만들었다.

나는 취객의 옆을 지나 부엌 겸 베란다로 가서(우리 집은 원룸이었다.) 냉장고의 문을 열고 먹을 것이 있는지 살펴보았다. 그러다 사과가 눈에 보여서 그것을 두 개 꺼내고 문을 닫았다. 흐르는 물에 사과를 씻고 그릇과 과도를 가져와서 방 안에 있는 탁자에 올려놓았다. 옆을 보니 개새끼는 여전히 시끄럽게 코를 골며 잠을 자고 있었다. 내가 무슨 짓을 해도 일어나지 못할 것 같았다. 과도를 들고 사과를 깎으려 하는데.

갑자기 이 과도를 그의 목에 찔러 넣으면 어떻게 될까, 그런 생각이 떠올랐다. 순간적으로 숨을 쉴 수조차 없는 긴장감이 몰려왔다. 저 새끼만 사라진다면 어머니와 나는 행복하게 살아갈 수 있다. 저 새끼를 죽일 수 있다면 우리는 행복하게 아무런 걱정 없이 살 수 있다.

나는 과도를 손이 아플 정도로 꽉 쥐고 그의 목을 노려보았다. 어차피 나는 처벌받지 않는다. 살인은 죄지만 회개하면 된다. 예수님은 용서를 해 주시는 분이시다. 어차피 지옥에 갈 불신자 한 명을 죽이는 것이 무슨 큰 죄가 되겠는가.

칼을 찔러 넣으면 되는데 손이 움직여지지가 않고 떨리기만 했다. 나약한 자신이 싫었다. 조금만 용기를 내면 어머니와 나는 행복하게 살아갈 수 있는데 그 용기가 생기지 않았다. 떨리는 손을 다른 손으로 잡고 행동하려 했지만 이제는 온몸이 떨리기 시작했다. 두려웠다. 실패했을 때에 벌어질 일이 두렵기도 했지만 무언가 알 수 없는 공포가 나를 가로막았다.

그렇게 오 분 십 분이 지났다. 나는 온몸을 사시나무 떨듯이 떨기만 할 뿐 행동에 옮기지 못했다. 결국 과도를 놓쳐 버리고 집 밖으로 뛰쳐나갔다. 사람이 오지 않는 골목으로 들어가서 말 그대로 절규했다. 눈물이 더 나오지 않을 때까지 눈물샘을 쥐어짰다. 바닥에 주저앉아 내가 왜 이런 고통을 겪어야 하느냐며 신을 원망했다.

죽음의 공포

　내가 처음으로 죽음의 공포를 느꼈던 것은 초등학교 4학년 때의 일이다. 그 시절에 어머니는 자살 시도를 했다. 하지만 그녀의 시도는 실패로 돌아갔다. 그 새끼가 약을 먹고 쓰러진 어머니를 발견하고 119를 불렀기 때문이다. 병실에 누워 있는 어머니를 보며 뭐라 말할 수 없는 슬픔을 느꼈다. 하지만 내가 할 수 있는 것은 기도밖에 없었다. 나는 절박하게 전심을 다하여 기도했다. 하지만 이제까지의 경험을 통해 기도를 한다 해도 변하는 것은 없다는 것을 잘 알고 있었다.

　집으로 돌아온 그 새끼와 나는 말이 없었다. 오로지 침묵만이 방 안을 채웠다. 그는 연신 담배를 피워댔고 나는 쭈그려 앉아 아무것도 하지 않았다. 울고 싶었지만 울면 그 새끼가 나를 혼냈다. 그렇게 담배 연기와 침묵이 배회하는 공간에 방치되어 있었다. 얼마나 지났을까 그가 tv를 틀었다. tv에서는 뉴스가 나오고 있었다. 나는 멍한 눈동자로 tv를 바라보았다. 아나운서는 여러 가지 소식을 전달했는데 어떤 것도 머리에 들어오지 않았다.

　그런데, 부모가 자식을 죽이고 자살했다는 뉴스를 듣자 정신이 번쩍 들었다. 살해당한 아이들의 모습과 나의 모습이 겹쳐 보였다. 그때부터 나도 살해당하지 않을까 하는 공포가 밀려오기 시작했다. 그 공포는 특히 잠이 들 때 심하게 다가왔다. 내가 아무런 저항을 하지 못하는 상태일 때 그들이 날 죽이는 것은 아닐까? 그리고 자신도 목숨을 끊는 것은 아닐까?

하는 생각들이 공포로 변하여 주변을 맴돌았다.

나는 그들이 잠들 때까지 자는 척을 하며 자지 않았다. 아니 잠에 들 수가 없었다. 공포는 나를 잠들 수 없게 했다.

이후, 나는 조금 더 이상해졌다. 예를 들어 육교를 건널 때 이것이 무너지지 않을까 하는 공포가 밀려왔다. 물론 늘 그런 것은 아니었지만 한 번씩 그런 공포가 밀려와 식은땀이 맺혔다. 또, 길을 걷고 있으면 옆으로 지나가는 자동차가 갑자기 나를 덮치지 않을까 하는 공포도 생겨났다. 이외에도 많은 공포들이 생겨나 나를 괴롭혔다. 하지만 움츠러들거나 피하지 않았다. 일부러 더 육교를 이용했고 일부러 더 차로에 가깝게 걸었다. 왜냐고? 그것이 더 남자다워 보였기 때문이다. 하지만 확실히 나는 이전과는 달라져 있었다. 죽음의 공포는 한 번씩 고개를 들고 목을 졸랐다.

그 시절로부터 시간이 지난 후, 한 가지 의문이 들었다. 나는 분명 신을 믿고 천국을 믿었는데, 어찌 그렇게 죽음이 두려웠던 것일까? 왜 그렇게 공포스러웠던 것일까. 죽으면 천국을 간다는 것을 확실히 믿고 있었는데, 왜 죽음이 그토록 두려웠던 것일까?

사실, 나는 천국을 믿지 않았던 것이 아닐까?

헌팅

길거리를 걷다 보면 타인과 눈이 마주치는 순간이 있다. 대부분의 경우에 눈을 피하지만 한 번씩 서로의 눈을 응시하게 되는 경우도 있다. 그럴 때 오묘한 기분이 들곤 한다. 마치 내가 상대방으로 빨려 들어갈 것만 같은 그런 느낌.

하지만 이건 느낌이 통하는 이성 간에나 벌어지는 일이고 남자간의 아이 콘택트는 싸움으로 이어지는 경우도 있다. 남자들끼리의 아이 콘택트는 일종의 기 싸움이다. 상대방이 자신보다 나약해 보이는 경우 남자는 눈을 피하지 않는다. 아 물론 시민으로서의 교양을 갖춘 사람은 예외다. 이건 어느 정도 거친 성향을 지닌 남자들의 한해서다.

하지만 교양을 갖춘 사람일지라도 술이 들어가면 그런 것들보다 본능이 우선하게 되고, 자신보다 약한 존재가 눈을 맞추는 것은 시비로 받아들인다. 술에 취하면 인간보다 짐승에 가까워짐으로 당연한 결과일지 모른다. 고작 눈을 바라보는 게 뭐라고 싸움까지 한단 말인가.

사족은 여기까지 하자. 나는 초등학교 고학년 시절에 싸움을 즐겼다. 매일매일 시빗거리를 찾아다녔으며 싸움을 통하여 내 안의 분노를 폭발시키고 남자로서 인정받기를 원했다. 그런 행위는 학교 안에서만 이루어지지 않았다. 길거리를 걸을 때도 나는 미친놈처럼 행동했다.

하루는 친구와 거리를 걷다가 횡단보도 앞에 멈춰 섰는데, 먼저 서 있던 또래로 보이는 소년과 눈이 마주쳤다. 그 아이는 눈을 마주쳤음에도 피하지 않고 계속 나를 응시했다. 나도 말없이 그를 응시했다. 내가 먼저 입을 열었다. "뒤질래?" 이렇게 위협을 가하면 보통의 아이들은 겁을 먹고 시선을 피했다. 하지만 그 아이는 한심하다는 듯이 나를 2초 정도 더 쳐다보고 고개를 돌렸다. 굉장히 기분이 나빠서 그에게 다가갔다. 소년은 어쩔 거냐는 듯 나를 쳐다보았다. 나는 가소롭다는 듯이 웃으며 그의 뺨을 손바닥으로 후려쳤다. 그는 분노의 가득 찬 눈빛으로 이쪽을 쏘아보았다. 테스트를 해 보고 싶었다. 저 분노의 눈빛이 공포로 바뀌는 데에 필요한 폭력은?

몇 차례 뺨을 후려갈기니 소년의 눈동자에 패배감과 공포가 떠올랐다. 그는 더 이상 나와 눈을 마주치지 못했다. 마침 초록불이 들어와서 친구와 함께 길을 건넜다. 피해자는 눈물을 흘리며 그곳에 가만히 멈춰 있었다. 만족스러웠다. 나는 당당히 목적지를 향해 걸어 나갔다.

이와 비슷한 일이 몇 번 더 있었다. 피해자들은 대체로 맞게 되면 당황한 눈빛으로 나를 쳐다보았다. 거기서 몇 번 더 때리면 두려운 눈빛으로 바닥을 본다. 그것은 모두가 똑같았다. 그럴 때마다 묘한 쾌감을 느꼈다.

자신의 존재를 확인하는 방법으로 폭력을 휘둘렀다. 주변으로부터 인정받는 것이 좋았고 폭력이 주는 쾌감이 좋았다. 나는 구제 불능의 악인이었다.

이미지

어느 날이었다. 그날도 난 싸움을 했다. 상대방은 나보다 키가 크고 덩치도 컸다. 그래서 힘겹게 이겼다. 자칫 잘못하면 패배할 수도 있었다. 패배할 뻔했다는 생각이 드니 강한 두려움이 느껴졌다. 이대로는 안 되었다. 이대로 계속 생각 없이 싸움을 하다간 패배를 당할 게 뻔했다. 변화의 필요성을 깨닫게 된 것이다.

손자병법에는 싸우지 않고 이기는 것이 최상이라는 말이 나온다. 싸우지 않고 이기는 방법을 골몰했다. 무섭고도 강한 이미지를 구축하여 그것만으로도 상대를 굴복시키거나, 싸우기 전에 이기고 들어가는 것. 그것이 내가 내린 결론이었다.

나는 바로 실행에 옮겼다. 약한 아이들을 잔인하게 괴롭혔다. 남이 보고 있을 때만. 괜히 소문을 옮겨 줄 사람이 없는 곳에서 힘을 빼지 않게 되었다. 남들이 보고 있는 장소에서 약한 아이들을 때리고 또 때렸다. 또 싸움을 하게 되면 승패가 결정 나도 폭력을 멈추지 않았다. 누가 보아도 승자와 패자를 알 수 있게 한 번 더 패자를 짓밟았다. 아이들의 눈에 잔인한 악마로 보였을 것이다.

효과는 바로 나타났다. 형체 없는 그림자는 크기를 계속 키워 나갔고 시간이 지날수록 내가 감당할 수 없을 만큼의 형세를 이루었다. 가까운 친구들조차 나를 어려워하고 무서워했다. 악명은 하늘 높은 줄 모르고 치솟았고 근처 학교에서도 내 이름을 아는 아이들이 생겨나기 시작했다.

이렇게 되니 싸움이 손쉬워졌다. 주먹 좀 쓴다, 하는 아이들도 나에게 겁을 먹고 싸우지도 않고 굴복했으며, 설사 싸움을 한다 해도 상대방의 눈동자에 겁이 서려 있는 것이 느껴졌다.

우두머리로 가는 길, 소위 짱이 되는 길은 이때부터 내게 활짝 열리기 시작했다. 그것은 마치 아무도 없는 고속도로처럼 트여 있었다. 나는 그저 풀악셀을 밟기만 하면 되었다.

역시 머리를 써야 고생을 덜 한다. 학창 시절 나는 소위 우두머리라는 존재들을 많이 보았다. 신기했던 점은 생각 없이 싸움만 하는 부류의 인간보다 머리를 쓰는 지능형들이 많았다는 것이다. 한 발자국 떨어져서 보면 우두머리라는 위치가 가장 싸움을 잘하는 존재라고 생각되어지는 게 보통이지만, 사실 그렇지 않다. 가장 싸움을 잘하는 사람과 우두머리가 불일치하는 경우가 많았다. 가장 이미지를 잘 활용하거나 타고난 이미지가 좋은 사람, 혹은 정치질을 잘하는 지능형 타입이 많았던 것이다.

내가 우두머리 자리를 내려놓고 평범한 학창시절을 보냈을 때, 과거의 명성 때문에 자신의 이미지를 만들려는 존재들이 한 번씩 시비를 걸어오는 일들이 있었다. 그럴 때마다 참으로 우스웠다. 내가 너의 상위 호환이거늘. 내가 너의 의도를 모두 파악하고 있거늘. 어찌 나를 활용하려 한단 말인가.

나는 그들의 의도대로 움직여 주지 않았다. 그들의 이미지를 쌓는 제물이 되는 것은 굴욕적인 일이었기 때문이다. 아무리 내가 더는 싸움도 안 하고 무리들과 거리를 두었다고 해서 모든 굴욕을 인내할 생각은 없었다.

중고교 시절 내가 살아남기 위해 택한 이미지는 건드려서 좋을 것 없다는 이미지였다. 건드려서 얻는 것이 잃을 것보다 적다면 자연스럽게 나를 건드리지 않을 것이라는 생각에서였다. 그런 이미지를 만드는 것은 별로 어렵지 않았다.

앞서 말한 것처럼 우두머리는 지능형이 많았기 때문에 이런 이미지를 구축하니 나를 건드리는 일이 잘 없었다. 전혀 없지는 않았지만.

인간이 사회에서 살아남기 위해서는 이미지가 중요하다. 어떤 이미지를 구축하느냐가 사회에서의 생존과 직결되기 때문이다. 나는 그것을 잘 이해하고 있었다.

내 슬픈 창녀의 추억

　창녀들을 볼 때마다 떠오르는 여인이 있다. 나와 초등학교를 같이 다녔던 그녀는 피부가 희고 키가 컸으며, 이목구비는 혼혈이 아닐까 싶을 정도로 이국적이었다. 그녀는 항상 내게 먼저 다가와 인사를 했다. 초등학교 저학년 때까지만 해도 여자아이 앞에서 부끄러움을 많이 탔기에 호의를 무시해 버릴 때가 많았다. 한 번은 어머니가 옆에 있었는데 그녀의 인사를 무시했다. "친구가 인사를 하는데 왜 무시하니? 무안하겠다."

　나는 홍등가를 지나칠 때 그곳에서 성을 사는 남자들을 보며 신기함을 느꼈다. (마치 정육점을 연상시키는 붉은 빛. 그곳에 앉아 있는 여자들은 돼지고기처럼 보였다.) 도저히 성욕이 피어날 분위기가 아니었기 때문이다. 나는 그 거리를 걸으며 그녀를 떠올렸다. 결혼해서 아이도 있다던데.

　번화가를 거닐다 보면 형형색색의 네온사인에 눈동자를 빼앗긴다. 취기에 젖은 채 담배를 피우다 보면 가까운 곳에 스타렉스가 멈춰 선다. 문이 열리고 홀복을 입은 여자들이 떼거지로 내려 목적지를 향해 걸어간다. 진한 화장과 의상 때문이지 저들도 보통의 화장과 보통의 차림을 한다면 일반인으로 보일 텐데. 창녀들이 버리고 간 담배꽁초를 보며 그녀를 떠올린다. 그녀는 중학교를 중퇴했는데, 검정고시라도 보았을까.

내가 한참 도박에 미쳐 있었을 때, 수중에 돈이 많았던 적이 있었다. 나는 그 돈으로 창녀와 동침했다. 오피스텔에 있는 가장 값비쌌던 창녀와 섹스를 했다. 창녀와 함께 침대에 누워 천장을 바라보며 그녀를 떠올렸다. 창녀의 피부가 희었기 때문이다. 어떻게 돈 때문에 성을 팔 수 있단 말인가.

초등학교 고학년 시절, 그녀는 고등학생과 사귀었다. 당시에도 그들의 관계가 어딘가 어긋나 있다고 생각했다. 순수하고 풋풋한 플라토닉적 사랑을 떠올리지 마라. 그들은 만날 때마다 섹스를 했다.(그녀가 내게 말해 주었다.) 공중화장실에서도, 부모가 없는 집에서도, 아파트 비상계단에서도, 모텔에서도(그녀가 좀 성숙하긴 했어도 성인으로 보이지는 않았다.) 섹스를 했다. 남고생의 성욕은 끝을 몰랐고 그녀는 거의 반강제로 고등학생의 욕구에 응하고 있었다.

어린 소녀의 몸으로 남고생의 육체를 받아 내기란 버거운 일이었을 것이다. 그녀의 이야기를 들으니 경찰서를 가고 싶어졌다. 내 안에 깊숙이 숨겨져 있던 도덕심이 아우성을 쳤다. 정말 나는 경찰서를 향해 걸어가고 있었다. 그녀를 구해 주고 싶었다. 경찰서는 처음 가는 거라 가슴이 떨렸다. 하지만 문을 잡고 경찰과 눈이 마주치자 등을 돌려 버렸다. 첫째는 두려움 때문이었고, 둘째는 이 일이 나와 무슨 상관이냐는 생각이 떠올랐기 때문이다.(사실 두 번째는 합리화인지도 모른다.)

결국 신고를 하지 않았다. 중학교를 가면서 그녀와도 멀어졌다. 나는 창녀들을 볼 때마다 그녀가 떠오른다. 내가 침묵했기 때문에 한 사람의 인생이 바뀐 게 아닐까.

그녀는 중학교에 올라가면서부터 몸을 팔기 시작했다.

천재라는 착각

나는 성장이 빨랐다. 육체적으로든 정신적으로든. 어릴 때부터 사람들과 말이 통하지 않음을 느꼈다. 친구와도 어른들과도 대화를 나누면 답답함을 느꼈다. "저들은 내 말을 이해하지 못해." 나는 계속해서 갈증을 느꼈다. 말이 통하는 상대와 만나고 싶다는 갈증을. 초등학교 시절에 만난 사람들 중 말이 통한다고 느낀 사람은 이모와 이모부였다. 그들과는 말이 좀 통하는 것 같았다. 그들은 내게 독서를 추천했고 나는 그것에 빠져들었다. 독서는 일방적으로 이야기를 듣는 행위였지만 마치 이야기를 나누는 것 같은 느낌이 들었고 어느 정도 갈증을 해소할 수 있었다.

초등학교 저학년까지 공부에 아무런 관심이 없었다. 당연히 성적은 좋지 않았다. 다행히 어머니는 성적으로 잔소리를 하는 사람이 아니었다. 공부를 하는 것보다 성경을 읽는 걸 더 좋아했다. 하지만 고학년이 되면서부터 공부에 관심이 생겨났다.

나는 자주 수업이 끝나고 교사와 함께 교실을 지키는 문제아였고, 그러다 보니 경시대회를 준비하는 아이들과 한 공간에 있을 기회가 생겨났다. 그들은 나와 시선을 마주치지 못하고 마주친다 해도 피해 버렸지만, 나는 느꼈다. 그들의 눈동자 속에 존재하던 우월감과 나를 아랫것으로 바라보는 시선을.

나보다 머리도 나쁜 새끼들이 공부를 더 잘한다는 이유로 나를 아래로 보는 것이 우스웠다. 공부가 뭐라고. 내가 진심을 다한다면 너희보다 잘할 것이다. 그렇게 공부를 해야만 하는 이유가 생겼다. 초등학교 5학년 때부터 공부라는 것을 하기 시작했다.

당연히 성적은 수직 상승했고 6학년 때는 반에서 2등이라는 성적을 거두게 되었다. 모든 것이 너무 쉬웠다. 나는 학교의 우두머리이면서 공부까지 잘하는 아이였다. 그때부터 스스로를 천재라고 확신하기 시작했다. 그전부터 천재란 생각을 가졌지만 확신은 없었다. 친구들은 나를 우러러보았다. 질투하는 아이도 있었지만 내게 무슨 짓을 할 수 있었을까.

하지만 얼마 지나지 않아 공부에 흥미를 잃어버렸다. 당시에 방영한 시사 프로그램을 보았기 때문이다. 제목은 '강남의 사교육열'과 비슷했던 걸로 기억한다. 프로그램의 내용은 말 그대로 '강남의 사교육열'이었다. 수성구에 살던 아이가 강남으로 전학을 갔는데, 강남의 교육 수준에 놀라는 파트가 있었다. 그 아이가 한 말이 아직도 기억난다. "수성구에선 중학교 3학년 과정까지 나가면 충분했는데, 여기선 고등학교 3학년 과정까지 선행을 하더라고요."

그 프로그램은 나에게 적잖은 충격을 주었다. 우물 안 개구리가 우물 밖의 세상을 알게 된 상황이랄까. 공부로 우월감을 가졌던 자신이 너무나 가소로웠다. 진짜 경쟁은 저기서 이루어지고 있구나.

생각해보면 경산은 마이너 리그였다. 초등학교 때부터 자식의 교육에 관심이 많은 가정은 대구로 이사를 가거나 위장 전입을 했다. 그들이 빠진 이곳에서 상위권을 차지했다고 하여 우쭐하는 건 너무나 웃겼다.

내가 이룬 성취가 보잘 것 없다는 걸 깨닫게 되자 더 이상 공부에 아무런 흥미가 생기지 않았다. 아직은 어렸던 나이에 공부에 뜻을 접었다. 나에게 진심 어린 조언을 해 줄 멘토가 있었다면, 너는 우물 밖의 세상을 본 것이 아니라 또 다른 우물을 본 것이라는 것을 알려줄 존재가 있었더라면, 결과는 달랐을지도 모른다.

하지만 내게 그런 존재는 없었다.

사춘기

나는 내가 이상해져 감을 느끼고 있었다. 우선 신체적으로 여드름이 나기 시작했다. 그것은 변화의 시발점이었다. 초등학교 6학년 때였다. 갑자기 모든 인간이 혐오스러워졌다. 분명 나는 가정에서 얻지 못한 애정을 친구들에게서 채우는 인간이었는데, 친구들이 다 병신으로 보였다. 저런 존재들의 인정을 갈구했다는 사실이 우스웠다. 굳이 내가 저들과 시간을 보내는 이유를 알 수 없게 되었다. 점점 혼자만의 시간을 보내는 게 좋아지고 편해졌다. 하루 종일 밖에서 친구들과 시간을 보내는 아이였는데, 집에서 혼자 컴퓨터를 하는 게 더 좋아졌다.

폭력도 더는 쾌감과 희열을 주지 않았다. 모든 것이 무의미하게 여겨졌다. 교회도 더는 예전 같은 느낌을 주지 못했다. 일주일에 5번은 그곳을 찾았는데 이제는 한 번을 가는 것도 귀찮아져 버렸다. 신앙심의 불꽃이 위태롭게 흔들리고 있었다. 아무리 생각해도 신은 없는 것 같았다. 설사 있다 해도 이 땅에 존재하는 종교의 신은 아닐 것 같았다. 어머니는 그런 나를 보고 슬퍼했지만 상관없었다. 그녀도 내게 무가치해져 갔기 때문이다.

어린 시절, 나에게 어머니란 존재는 너무도 소중했다. 나는 하나님보다 어머니를 더 사랑했다. 남들이 아버지나 형제에게 주는 사랑을 오로지 어머니에게만 주었다.

어머니는 법 없이도 살 사람이라는 평을 듣는 인간이었다. 주변으로부터 '착하다.' '사람 참 좋다.'라는 이야기를 늘 듣는 사람이었다. 하지만 나는 그런 어머니가 너무도 답답했다. 그녀는 친구에게 돈을 빌려주고도 돌려받지 못하기 일쑤였고, 일한 곳에서 임금을 못 받은 적도 많았다. 그녀를 너무도 사랑했지만, 나는 저렇게 살지 않으리라고 수없이 다짐했다.

세상은 악인이 들끓는 곳이고 살아남으려면 착하기만 해서는 안 된다. 특히 그녀가 개새끼에게 휘둘릴 때마다 너무도 답답했다. 개새끼는 사고를 칠 때마다 무릎을 꿇고 다시는 그러지 않겠다고 눈물을 질질 짰다. 그럴 때마다 마음이 약한 어머니는 그를 용서했다.

어찌 되었건 나는 어머니를 가장 사랑했다. 비록 많은 답답함을 느꼈을지라도, 그녀는 내게 가장 소중한 존재이자 대체 불가능한 사람이었다. 하지만 나의 마음속에 그녀에 대한 원망과 증오가 생겨났다. 사랑하지 않은 것은 아니었지만 크기는 점점 줄어만 갔다.

나는 생각했다. 그녀가 믿었던 것이 개신교가 아니라 가톨릭이었다면, 그녀가 수녀가 되었더라면 나는 이 고통스러운 세상에 태어나지도 않았을 것이고 그녀도 종교에 투신하여 행복한 삶을 살지 않았을까.

태어나지 않는 것이 최선이라는 생각이 계속 들었다. 일단 태어나게 되면 욕구에 사로잡히게 되고 죽음을 택하기가 어려워진다. 인간의 최대 욕구는 식욕도, 성욕도 아닌 생존의 욕구이기 때문이다. 단지 숨을 쉬고 있는 것만으로도 그 욕구를 채울 수 있으니 아무리 삶이 고통스러워도 인간은 살아간다.

자꾸만 철학적인 생각들이 나를 휘감았다. 스스로도 감당하기 힘들 정도의 사유들이 터져 나왔다. 나는 사색을 즐겼지만 때로는 고통스러웠다.

특히 잠에 들려고 침대에 누우면 무수한 생각들이 나를 잡고 놓아주지 않았다. 나는 이것을 사유의 백야라고 불렀다.

휴식이 필요했다. 너무 많은 것들을 생각했다. 흡사 개미지옥이었다. 스스로의 힘으로는 빠져나갈 수 없었다. 미칠 지경이었다. 아니, 나는 미쳐 가고 있었다. 중학교에 올라가면서 기존에 맺었던 관계를 거의 끊어 버렸다. 무의미했기 때문이다. 교회도 더는 나가지 않았다. 신은 없었기 때문이다. 모든 것이 무가치하게 무의미하게 느껴졌다. 오로지 말초적인 자극만이 나를 움직이게 할 수 있었다.

중독

휴식을 취하고 싶었다. 터져 나오는 생각들로부터 도피하고 싶었다. 그래서 게임과 포르노, 일본 애니메이션, 인터넷에 빠져들었다. 그것에 몰입하고 있을 때는 꼬리에 꼬리를 무는 생각들로부터 해방될 수 있었다. 나는 미친 듯이 말초적이고 중독적인 것에 빠져들었다. 눈을 뜨자마자 컴퓨터의 전원 버튼을 눌렀다. 학교를 가는 시간을 제외하면 늘 그것들에 빠져 있었다. 무엇에 홀린 것처럼 컴퓨터만 했다. 그것들은 불만족스러운 현실을 잊게 해 줄 아편이었다. 현실 세계는 너무도 고통스러웠다. 그간의 입은 마음의 상처가 터져 나왔다. 현실을 마주하고 싶지 않았다.

내가 좋아한 게임의 장르는 전략 시뮬레이션이었다. RPG는 나와 맞지 않았다. RPG를 하고 있다 보면 반복되는 노가다성에 쉽게 질리게 되고 '내가 이걸 왜 하고 있지?'라는 생각이 든다. 반면 전략 시뮬레이션은 노가다성이 짙지 않았다. 그리고 나의 권력욕을 채워 주었다. 마치 지도자가 된 것 같은 느낌. 나의 명령에 움직이는 수하들을 보며 대리 만족을 느꼈다.

내가 제일 많이 한 게임은 스타크래프트였다. 스타크래프트는 하는 것뿐만 아니라 보는 것도 무척이나 재밌어서 나의 여가 시간을 가득 채워 주었다. 사실 사춘기 이전 시절부터 스타크래프트를 많이 하고 보기도 많이 보았다. 초등학교를 들어가기 전부터 '온게임넷'이라는 채널을 틀면 항상 스타크래프트가 나와서 우리 집 TV는 온게임넷과 투니버스(투니버스는 애니메이션 채널이었다.)가 계속 틀어져 있었다.

많은 프로게이머들이 있었지만 내가 가장 좋아한 선수는 임요환이었다. 그는 정말로 천재였다. 무엇보다 그를 좋아했던 건 팬들에게 재미를 주는 게임을 한다는 점이었다. 잘하는 선수는 많았지만 그보다 더 재미있는 게임을 한 선수는 없었다.

나는 포르노에도 빠져들었다. 인터넷에서 쉽게 볼 수 있는 일본 AV에 빠져든 것이다. 우리 집은 원룸이었기에 어머니가 집을 비울 때만 AV를 볼 수 있었지만, 그녀가 집을 비우는 시간이 많았기에 문제가 되지 않았다. 게임을 하다가 성욕이 들끓게 되면 인터넷에 들어가 AV를 보며 자위를 했다. 평균적으로 하루에 2번 이상은 자위를 했다. 포르노 중독에 자위 중독이 되고야 만 것이다.

또 일본 애니메이션에도 빠져들게 되었다. 게임을 하지 않을 때는 포르노를 보거나 애니메이션을 보았다. 중학교에 올라오니 흔히 덕후라고 불리는 아이들의 무리가 있었는데, 나는 애니메이션을 보았지만 그런 아이들과는 어울리지 않았다. 일단 외모적으로 거부감이 들었고 그들이 좋아하는 애니메이션 취향이 나와는 딴판이었기 때문이다. 흔히 하렘물이라 불리는 유의 애니메이션을 좋아하지 않았다. 내가 좋아한 애니메이션은 건담 시리즈, 공각기동대, 카우보이 비밥, 코드기어스, 에반게리온과 같은 유였다.

게임이나 애니메이션이 질리게 되면 인터넷을 켰다. 초기에는 네이버에 기사를 보고 거기에 달린 댓글을 보는 재미에 빠져들었는데, 갈수록 인터넷 커뮤니티의 글을 보는 재미에 빠져들게 되었다. 아직 글을 쓰진 않았고 남들이 쓴 글을 눈팅만 했지만 그런 행위가 마치 다른 사람과 대화를 하는 느낌을 주어 재미를 느꼈다.

그렇게 나는 중학교 시절을 컴퓨터와 함께 보냈다. 이 시절에는 별다른 추억도 없고 그저 현실로부터의 도피만이 있었을 뿐이었다. 내 속에 들끓는 분노와 불만을 그렇게 해소했다. 계속되는 현실에서의 도피. 그 끝이 좋지 않을 거라는 걸 알고 있었지만 당장이 너무 고통스러웠기에 도망치고 또 도망쳤다. 소년원을 가지 않는 삶을 택한 것만으로도 어머니에 대한 빚은 갚은 것이라고 자위하면서.

키보드 워리어

2년간 게임과 애니메이션에 미쳐 살다 보니 그것들이 조금은 질리기 시작했다. 처음 게임과 애니메이션으로 하루 종일 시간을 보내기 시작하였을 때는 이것들이 좀 더 오래 재미를 줄 수 있을 거라 생각했는데 아니었다. 생각보다 금방 질리게 되었다.

나는 인터넷 커뮤니티에 더욱 빠지게 되었다. 처음엔 포털의 기사와 댓글을 보는 정도에 그쳤지만, 갈수록 직접 댓글을 달고 참여하기 시작했다. 커뮤니티에도 처음에는 눈팅만 하였는데 갈수록 댓글을 다는 빈도가 높아졌고, 시간이 좀 더 지나자 게시글을 쓰기 시작하였다.

초기에는 그저 시류에 편승하여 일반적인 글을 적었다. 하지만 시간이 좀 더 지나자 이것도 재미가 없어졌다. 새로운 재미를 찾다가 아무 생각 없이 글을 적었는데, 그 글이 어느 누군가에겐 거슬리는 내용이었는지 한 사람과 논쟁을 하게 되었다. 흔히 말하는 키보드 배틀을 처음 하게 된 것이다. 신기하게도 그것은 나에게 강한 흥분을 안겨 주었다. 한 발자국 떨어져서 보면 그저 말싸움을 하는 것에 불과했는데, 실제의 말싸움과는 달리 폭력의 위험성이 배제되어 있었다. 순전히 말로 상대방을 납득시켜야 하는 것이었다. 그것이 내게 묘한 쾌감을 주었다. 현실 세계의 논쟁은 상대방의 사회적 위치나 나이 그리고 폭력의 위험 때문에 누구의 논리가 더 중요한지가 상대적으로 덜 중요했다. 하지만 인터넷상에서의 논쟁은 그런 것들이 배제되어 있기 때문에 진정으로 말발을

겨룰 수 있었다.

　나는 이것에 빠져들었다. 논쟁도 싸움이었기에 흥분을 느끼게 되는데, 이것 또한 나를 사로잡을 말초적인 재미였다. 나는 여러 커뮤니티를 돌아다니며 논쟁이 될 수 있는 소재를 가진 글을 적었다. 누군가 반대 의견을 적으면 상대방의 심기를 긁어서 논쟁을 유도했다. 논쟁을 하게 되면 시간이 무척이나 빨리 갔다. 무엇보다 우울한 생각들이 들지 않아서 좋았다.

　e스포츠, nba, 해외 축구, mlb, 정치, 시사, 록, 역사, 철학, 종교, 토론 등의 커뮤니티를 돌아다니며 게시판의 분위기를 파악하고 기초적인 지식을 습득한 뒤 논쟁을 할 수 있는 글을 적었다. 키보드 배틀의 상대방을 구하는 건 무척이나 쉬웠다. 흔히 말해 나는 어그로를 끄는 재능이 있었기 때문이다.

　누군가와 논쟁을 하는 것이 좋았다. 한 분야에서 논쟁을 하다보면 새로 알게 되는 것들이 많았다. 어찌 보면 이것도 일종의 색다른 학습법이었다.(물론 이건 나의 자위에 불과했지만.) 하루 종일 논쟁을 하며 시간을 보냈다. 솔직히 논쟁의 승패는 그렇게 중요하지 않았다. 내 가슴이 뛰고 있다는 사실이 중요했다.

　하지만 이것도 몇 달이 지나니 굉장한 피로를 느끼게 했다. 키보드 배틀이 흥분을 제공해 주었지만 근본적으로 내가 왜 이 짓을 하고 있는지 의문이 들기 시작한 것이다. 확실히 생산적인 일이 아니면 결국에는 회의감에 빠져 들고야 말았다.

　또 새로운 재미를 찾아 이곳저곳을 기웃거렸지만, 논쟁은 하며 얻는 흥분보다 피로감이 커지게 되었다. 결국 나는 저급한 어그로를 끌기 시작했다. 가장 애용한 콘셉트는 일뽕이었다. 극우 일본인이 할 법한 주장들을 커뮤니티에 적으면 언제나 많은 사람들의 분노에 가득 찬 댓글을 받을 수 있었다.

솔직히 말해 나는 그냥 심심했고 장난을 친 것에 불과했다. 하지만 반응은 굉장히 뜨거웠다. 이것 또한 새로운 재미였다. 나는 한 달 가량을 저급한 어그로를 끌며 보냈다. 하지만 이건 금방 질리게 되었다. 구조가 단순해 깊은 재미를 느낄 수 없었기 때문이다.

무언가 생산적인 일을 해야 한다는 생각이 들었다. 그래야 질리지 않고 계속 재미를 느낄 수 있을 것이기 때문이었다.

n번째 자살

　나는 쓰레기다. 구제 불능의 인간이다. 도박에 미쳐 삶을 낭비했으며, 갈수록 그토록 증오했던 개새끼와 닮아갔다. 이 땅에서 더 이상 살아갈 이유를 찾지 못하겠다. 이 세상은 나와 같은 인간과 어울리는 곳이 아니다. 지금의 내가 어린 시절의 나와 만난다면 얼굴을 들 수가 없다. 눈동자를 마주칠 수 가 없다.

　아무 생각 없이 말초적 쾌락에 이끌려 욕구에 휘둘려 사는 삶. 끝없이 도피하고, 끝없이 추락하는 삶 속에서 그 어떤 의미도 발견할 수 없었다. 우울에 휩싸여 자신을 파괴하는 것을 반복하는 것이 무슨 의미가 있을까.

　도박에 미쳐 그저 운이었을 뿐인 약간의 성공을 실력이라 착각하며, 자신이 대단한 존재라는 착각에 빠져 살았다. 매일을 술에 취해 있었다. 그 상태로 창녀와 동침하고 유부녀와 동침했다. 그리고 알지도 못하는 여자들과 섹스를 했다. 그 끝은 허무와 우울뿐임을 잘 알고 있었음에도 쾌락에 절어 올바른 판단을 하지 못했다.

　악몽과 같은 어린 시절은 프로메테우스의 간을 파먹는 독수리처럼 나타나 나에게 고통을 주었다. 그것을 잊기 위해, 그 순간을 모면하기 위해 쾌락의 노예가 되었다. 돌아보니 나는 무언가를 성취하기 위하여 살았던 적이 없었다. 떠오르는 고통에서 도망치기 위하여 도피만을 반복했다.

　신을 믿고 사랑을 믿고 사람을 믿을 수 있었다면 좀 더 다른 삶을 살 수 있지도 않았을까. 누군가는 다시 시작할 수 있는 충분한 나이라고 말할 것이다. 하지만 더 살아낼 자신이 없다. 수치스럽다. 부끄럽다. 얼굴을 들 수가 없다. 누군가에게 나의 삶을 들려줄 수가 없다. 스스로를 사랑할 수 없기에 타인을 사랑할 수 없었다.

사랑으로 상처를 극복할 수 있다고 믿었던 순간이 있었다. 하지만 그건 착각에 불과했다. 나는 늘 착각 속에서 살아간다. 망상하고 몽상하며 그 것에 파묻혀 숨 쉰다. 현실은 마주하기 힘든 것이기에 늘 나를 다른 세계로 이끌어 갔다.

지쳤다. 피로하다. 삶이 지겹다. 다시 시작할 수 있을 것 같지 않다.

술 냄새를 풍기며 Bar에서 나왔다. 담배를 연달아 피니 구역질이 나왔다. 처음엔 헛구역질이었지만 곧이어 구토를 했다. 어딘가 높은 곳에 올라가 떨어져 죽어야겠다. 목을 매달아 죽는 건 이미 고교 시절에 한 번 해 봤기에 같은 방식을 또 하고 싶진 않았다. 그리고 지금 당장 죽고 싶은데 어디서 끈 같은 걸 구하기도 번거로웠다.

정처 없이 걷다가 아파트 건설 현장이 보였다. 아직 완성되지 못한 아파트는 죽음의 장소로 묘하게 끌리는 데가 있었다. 그래 저기서 죽자. 몇 층인지 세지도 않고 대충 이 정도면 떨어져 죽을 수 있을 만큼의 층수를 올라갔다. 다리가 떨렸다. 고층에서 부는 바람은 내게 공포를 느끼게 했다.(나는 고소공포증이 심한 편이다. 어린 시절 잔디밭에 누워 하늘을 보다가 아찔함을 느꼈다.)

하지만 죽어야 했다. 더 살고 싶지가 않았다. 더는 고통을 느끼고 싶지가 않았다. 한쪽 다리를 허공으로 뻗었다. 하지만 나머지 다리를 뻗을 수 없었다. 나는 온몸을 바르르 떨며 그 상태로 허공만 응시했다. 한쪽 다리

를 거두어들이고 상체를 기울여 보았지만 이것도 쉽지가 않았다. 결국 나
는 난간에 걸터앉아 엉덩이를 허공을 향해 밀었다. 떨어질락 말락 하는
순간에 더 이상 자신을 밀어낼 수 없었다. 그저 끝없이 떨리는 몸과 죽음
의 공포를 받아내며 버티는 것이 전부였다.

조금만, 조금만 더 밀어내면 죽을 수 있는데. 그 1cm를 밀어내기가 너
무도 힘들었다. 결국 나는 자신을 허공의 반대편으로 밀어냈다. 한동안
자리에 누워 시멘트색의 천장을 바라보았다. 끝없이 눈물이 나왔다. 남
들은 쉽게 죽는 것 같은데 나는 죽기가 왜 이렇게 힘이 들까. 자살은 쉽
지 않았다.

악몽

　나는 종종 악몽을 꾼다. 그럴 때면 잊고 싶었던 기억들이 다시 강하게 각인된다. 마음이 평화로운 상태로 잠이 들어도 악몽을 꾸게 되면 하루 종일이 고통스럽다. 우울에 휩싸여 보내는 시간에 주로 자살이 떠오른다. 더는 고통을 느끼고 싶지 않기에. 더는 고통스럽고 싶지 않기에. 자살이 하고 싶어진다.

　어린 시절의 나는 잠에서 깨자마자 어머니를 찾는 버릇이 있었다. 어머니의 품에 안겨야 마음이 편안해지고 그녀가 곁에 없으면 불안을 느꼈다. 잠에서 깨자마자 주위를 두리번거리며 어머니를 찾았다. 그녀는 내 방에 없었다. 거실에도, 큰방에도 화장실에도 어머니는 없었다. 소파에는 개새끼가 앉아서 담배를 피우고 있었다. 그는 나를 쳐다보지도 않고 말했다. “너거 엄마 도망갔으니까 잡아와라.” 나는 급히 슬리퍼를 신고 밖으로 뛰쳐나갔다. 그녀가 어디로 갔는지 알지도 못하면서 무작정 달려 나갔다. 미친 듯이, 뛰었다. 숨이 차올라 죽을 것 같았지만 멈추지 않고 달려 나갔다. 멀리서 어머니의 뒷모습이 보였다. “엄마!” 그녀가 뒤를 돌아본다. 나는 안도했는지 그만 넘어져 버려 무릎을 다친다. 하지만 그런 것 따위는 중요하지 않았다. 다시 미친 듯이 달려 그녀의 품에 안겼다. 나는 울면서 외쳤다.

　“엄마, 제발 나를 버리지 마세요.”

　늦은 저녁, 개새끼가 술 냄새를 풍기며 집으로 왔다. 그는 방으로 들어오자마자 구토를 했다. 방 안에는 악취가 진동했다. 오늘도 개새끼는 집 안 물건들을 부수고 소리를 질러댔다. 어머니는 완전히 질려 버렸다는 표정으로 집 밖으로 뛰쳐나갔다. 개새끼가 그대로 잠이 들었으면 좋으련만 오늘의 타깃은 나였다. 그는 나에게 학창 시절에 목검을 든 상대와 싸웠던 이야기를 들려주었다. 술 냄새를 풍기며 발음이 뭉개지는 취객의 이야기를 한 번 들어 주기도 힘든데, 계속해서 했던 말을 반복하며 나를 힘들게 했다. 조는 것인지 이야기를 듣는 것인지 모르는 단계에 이르렀는데 갑자기 그가 소리를 질렀다. “엄마는 어디 갔어?” 나는 모르겠다고 답했다. 하지만 개새끼는 화를 내며 한 번 더 소리쳤다. “엄마는 어디 갔어?” 나는 한 번 더 어디 갔는지 모른다고 말했다. 그는 갑자기 옆에 있던 소주병을 내 옆으로 던졌다. 초록색의 파편들이 부셔지며 바닥을 장식했다. “엄마 어디 갔어?” 나는 우는 것 말고는 할 수 있는 것이 없었다. 그가 깨진 소주병의 파편을 들더니 나의 눈을 응시했다. 그리고 파편으로 자신의 팔뚝을 가르기 시작했다. “말 안 할래?” 나에게는 우는 것조차 허락되지 않았다. 피는 나의 얼굴과 바닥을 빨갛게 칠했다.

　“자고 있는 척해라.” 어머니는 나에게 그렇게 말했다. 나는 이불을 뒤집어쓰고 자는 척을 했다. 난장판이 되어 있는 집에 경찰이 들어오더니 사진을 찍는 소리가 들렸다. 경찰들과 어머니가 집 밖으로 나가는 소리가 들렸다. 이불을 내리고 상체를 일으키려다가, 인기척이 느껴져 다시 이불을 뒤집어쓰고 자는 척을 했다. 누군가 방 안에 들어왔다. 그는 이불을 들춰 보더니 내가 자는 것을 확인하고 한숨을 쉬었다. 그는 혀를 차며

혼잣말로 "이따위로 살 거면 자식을 왜 낳았어? 이렇게 커 봐야 범죄자밖에 더 되겠어?"

　잠이 들락 말락 하고 있었을 때, 창문으로 차가운 바람이 불어와 추위를 느꼈다. 그렇게 가수면 상태로 있는데 술 냄새가 불청객처럼 다가와 눈살을 찌푸렸다. 크고 거친 손이 내 몸 이곳저곳을 더듬기 시작했다. 이미 잠에서 깨어났지만 계속 잠든 척을 했다. 손길은 더욱 강해졌으며 더는 잠든 연기를 하기 힘들어졌을 때였다.
　"에이, 딸을 낳았어야 했는데."
　그 말을 끝으로 술 냄새는 방을 나갔다. 그것이 무엇을 의미하는지 모를 나이였음에도 불구하고 여자로 태어나지 않아 다행이라는 생각이 들었다.

고민 상담 카페

　무언가 의미 있는 일을 하고 싶었다. 보람을 느끼고 성취감을 느낄 수 있는 일. 그래서 커뮤니티에 썼던 글과 댓글들을 삭제하고 눈팅만 했다. 더 이상 글을 쓰고 논쟁을 벌이는 일은 무의미하다고 느꼈다. 어떤 한 일이 의미도 있고 재미도 줄 수 있을까 고민하며 하루하루를 보내고 있는데, 커뮤니티 글을 보다가 자신의 고민을 적은 글을 보게 되었다. 그리고 성심성의껏 글을 써 주는 사람들을 보며 무언가 스치는 생각이 있었다.

　나는 바로 포털에서 고민 상담 카페를 검색했다. 거기에는 무수히 많은 고민 글들과 진심 어린 댓글들이 있었다. 그것에 나는 강한 흥미를 느끼게 되었다. 고민을 올린 사람이 댓글들이 도움이 되었다고 고맙다는 글을 남긴 것을 보았을 때, 거기에 참여하지 않은 나조차도 뿌듯함을 느꼈다.

　나는 바로 거기에 빠져들었다. 하루 종일 고민 상담 카페에 상주하며 수많은 고민들에 답변을 달았다. 고맙다는 댓글을 받게 되면 뿌듯했다. 이건 분명 의미 있는 일이었다. 재미는 다른 것에 비해 덜했지만, 그간 느낄 수 없던 보람과 뿌듯함을 느낄 수 있었다.

　그렇게 활동을 한 지 3주 정도가 지났을까. 누군가 나에게 장문의 메일을 보내왔다. 그간 답변하신 걸 보고 1대 1로 고민을 나누고 싶어서 메일을 보냈다고 적혀 있었다. 그 사람은 대학생이었는데, 그간 부모님의 뜻대로만 인생을 살아와서, 자신의 삶이 없는 것 같다고 느끼는 것이 고민이었다.

나는 한 글자 한 글자 정성을 다하여 답장을 썼다. 며칠 뒤 그의 메일을 받아 볼 수 있었다. 거기에는 정말로 감사하다는 말과 큰 도움이 되었다는 말이 쓰여 있었다. 이거였다. 내가 찾던 일. 무언가 생산적인 일을 하고 있다는 생각이 드는 일. 나는 더욱더 고민 상담에 빠져들게 되었다.

하루 종일 카페를 돌아다니며 새 글이 올라올 때마다 장문의 답변을 달았다. 그러다 보니 나에게 1대 1로 메일이나 쪽지를 보내는 사람들도 많아졌다. 모든 고민들에 내가 생각할 수 있는 최선의 위로와 최선의 해결법을 적어 보냈다. 그렇게 하다 보니 몇 달이라는 시간이 빠르게 지나갔다.

나란 인간은 싫증을 쉽게 내는 편이다. 고민 상담도 조금씩 질리게 되었다. 어떻게 하면 좀 더 재미있게 상담을 할 수 있을까 고민했다. 그러다 메일로 몇 차례 고민을 들어 주던 여대생에게 남자 친구와 헤어지라고 했다.(이건 명령이었다.)

얼마 뒤 그 여대생이 남자 친구와 헤어졌다는 메일을 보내왔을 때 무언가 알 수 없는 쾌감이 느껴졌다. 내 속에 숨어 있던 권력욕이 튀어나와 흥분을 선사했다. 이후 나의 상담법은 조금 변하게 되었다. 초기·중기에는 예전처럼 끝없이 공감하고 해결법을 권유하는 식이었지만, 후기에는 직접적으로 어떤 방식으로 행동을 고치라고 명령했다. 물론 거부하는 사람들도 있었다. 하지만 따르는 사람이 더 많았고, 명령에 따르는 사람들을 보면 미소가 지어졌다. 알지도 못하는 사람의 말을 신탁처럼 기다리는 모습은 흥미로웠다. 심리적으로 약해져 있는 사람일수록 나의 말을 더 잘 들었다. 요즘에야 가스라이팅이라는 단어가 대중화되었지만 그때 당시에는 그렇지 않았기에 좀 더 손쉬운 면이 있었다.

　나쁜 마음만 먹는다면 손쉽게 무언가를 얻어낼 수도 있으리라는 판단이 섰다. 하지만 신기하게도, 나쁜 마음은 들지 않았다. 나는 그저 그 사람이 잘 되었으면 하는 마음만 품었다. 나에게 상담이란 상대방의 마음이 좀 더 편안해지고 나는 뿌듯함과 소소한 권력욕을 채우는 그런 행위였다.

첫사랑 1

결과가 좋지 않았다 해서 과정조차도 부정해야 하는 것일까? 나는 그렇게 생각하지 않는다. 끝이 사랑이 아니라 할지라도 시작과 중간은 분명 사랑이었다. 나는 오랫동안 내 첫사랑이 누구였는지 고민했다. 원래 결과가 안 좋았던 사랑은 사랑이 아니라고 생각했기 때문이다. 하지만 요즘에 와서는 생각이 바뀌었다. 안 좋았던 끝 때문에 좋았던 기억들마저도 부정해 버리는 건 아둔한 짓이라는 생각이 들었기 때문이다.

메일함을 보니 한 통의 메일이 와 있었다. 보낸 이는 자신을 지수라고 밝혔다. 다른 사람들에게 해 주었던 답변들이 인상적이라 이야기를 하고 싶어서 메일을 보냈다고 적혀 있었다. 평범한 내용이었음에도 보통의 글과는 달랐다. 우선은 어휘만 보아도 많은 책을 읽은 것이 느껴졌다. 그녀의 문체는 나와는 다르게 간결하고 핵심만 전달하는 스타일이었다.

본격적으로 이야기를 나누게 되자 지수는 자신이 가진 우울을 토로했다. 한 줄로 정리하자면, 부모의 부재로부터 오는 공허함이었다. 그녀는 어릴 때부터 할머니와 살았다. 그래도 다행이었던 점은 우리가 쉽게 떠올리는, 빈곤한 조손 가정은 아니었다는 것이다. 할머니는 재산이 꽤나 있었고 경제적으로는 부족함 없이 자랐다. 그러나 정서적으로 부모만이 채울 수 있는 공간들이 비어 있다는 느낌을 받아, 사춘기 때부터 강한 공허감을 느꼈다.

나는 그녀와 메일을 주고받는 데에 집중하기 시작했다. 무엇보다 솔직한 인간이라 좋았다. 대개 인간이 말을 하다 보면 살을 붙이고 거짓이 섞이기 마련이나 지수는 그러지 않았다. 사기꾼들은 온갖 수사를 동원하지만 마음에 와닿는 말을 하지 못한다. 상대방의 마음을 움직이려면 진정성이 필요하다. 특히 나같이 부정적인 인간들은 의외로 진솔한 사람에게 약하다.

우리는 빠르게 가까워졌고 하루의 일정 부분을 지수와 소통하기 위한 시간으로 남겨 두기 시작했다. 솔직히 말하자면 나는 그녀에게 끌렸다. 친절하고 부드러운 태도와 소통이 되는 지적 수준은 매력적이었다. 몇 달간이나 주기적으로 메일을 쓰고 읽으며 시간을 보냈다. 이런 아날로그적 감성은 남과는 다른 것을 좋아하는 사춘기 소년을 자극했다.

우리를 연결시켜 주던 매체는 메일에서 통화로 옮겨갔다. 지수는 참 신기한 능력을 지닌 사람이었다. 별것도 아닌 일상적인 이야기로 타인을 지루하게 하지 않는 것을 넘어 흥미를 느끼게 할 수 있었다. 일반적으로 달변이라고 하면 떠올리는 재치 있는 유형과는 다르게, 속삭이는 목소리가 어울리는 차분하고 조곤조곤한 타입이었다.

이야기를 듣고 있으면 어느새 몰입하고 있는 자신을 발견하고야 만다. 지나고 나면 별다른 내용이 기억나지 않아 신기했다. 그것은 실제로 중요하지 않은 이야기였다. 친구와 만나 밥을 먹으며 이야기를 하고 바람이 불어 스커트 자락이 흔들리는, 일상적인 이야기일 뿐이었지만, 지수가 가진 어조, 음색, 호흡을 입히면 신비로운 세계로 날아가는 것처럼 무슨 일이 벌어질까 궁금해졌다. 내용이 중요한 것이 아니라 어떻게 말하는지가 중요하다는 사실을 깨닫게 되었다.

　나도 그런 능력을 가지고 싶었다. 내가 말하는 속도는 너무 빨랐다. 머릿속에서는 상대방을 논리적으로 납득시키고 지수에게서 배운 리듬감도 흘러넘쳤지만, 입 밖으로 튀어나오게 되면 Dostoevskii의 소설에 나오는 광인이 술에 취해 주절대는 것과 흡사했다. 생각하고 있는 것이 필요 이상으로, 너무나 방대했기 때문에 말로 다 담아내려면 많은 시간이 필요했는데, 상대방이 제대로 이해하고 있는지 초조했고 말을 제대로 하고 있는지도 걱정이 되었다.

　그럴 때마다 지수는 조금만 천천히 말해 달라거나 다시 한번 말해 달라고 했다. 내 인생에서 그런 말을 하는 사람은 처음이었다. 모두들 이해가 가질 않아도 질문을 하지 않았다. 보통 사람들은 그냥 넘어가 버리거나, 자신의 식대로 이해한다. 그녀는 달랐다. 내 의도를 완전히 파악할 때까지 곰곰이 생각했다.

첫사랑 2

　지수에게 만날 것을 제안했다. 그녀는 대구에 살고 있었다. 우리가 가까운 도시에 살고 있다는 사실은 행운이었다. 흐린 날이었다. 일어나자마자 동네 한 바퀴를 뛰었다. 집으로 돌아와 한 시간 가량 샤워를 했다. 약간의 냄새조차 나는 것을 허용하고 싶지 않았다. 약속 시간을 기다리며 책을 읽는데, 활자들이 눈에 들어오지 않았다.

　다시 동네 한 바퀴를 돌았다. 평소 같았으면 그러지 않았을 테지만, 또 샤워를 했다. 사용하지 않아 케이스에 먼지가 낀 왁스를 머리에 발랐다가 마음에 들지 않아 머리를 감고 다시 세팅했다. 옥상으로 올라가서 널어놓았던 바지를 챙기니 바닥에 빗방울이 떨어졌다.

　약속 장소에 일찍 도착해서 이런저런 생각을 하며 창밖을 보는데 목소리가 들렸다. "안녕." 지수는 나를 한눈에 알아보았다. 처음엔 약간 어색함을 느꼈지만 20분 정도가 지나자 통화를 할 때만큼이나 편안해졌다. 우리는 세 시간 동안이나 대화를 나누었다. "계속 앉아만 있으니까 답답하네. 나가서 좀 걸을까?"

　함께 밖으로 나와 상점들이 즐비한 거리를 걸었다. 지수는 자연스럽게 악취가 풍겨오는 인적이 드문 뒷골목으로 나를 이끌었다. 그녀는 담배 두 개비를 꺼낸 뒤 한 개는 자신이 물고 나머지는 나에게 건넸다. 우리는 담배를 피우며 서로의 눈동자를 바라보았다. 처음엔 대화가 오갔지만 어느 순간부턴 말없이 서로를 응시하기만 했다.

누가 먼저랄 것도 없이 우리는 서로의 입술을 탐했다.

그날 이후로 머릿속은 온통 지수에 대한 생각뿐이었다. 일주일에 한 번 이상 할머니가 집을 비우는 시간을 맞춰 지수의 집을 찾았다. 연주회에 초대된 관객처럼 자리에 앉아 그녀의 이야기를 피아니스트가 선사해 주는 곡처럼 음미하고 있으면 떠나야 할 시간이 다가왔다. 아쉬움을 뒤로한 채 배웅을 받으며 지하철과 버스를 타고 집으로 돌아왔다.

잠자리에 들려고 이불을 덮고 눈을 감으면 지수의 목소리가 스며들었다. 수업 시간에도 늘 그녀에 대한 생각뿐이었다.

내 앞에는 또 그녀가 앉아 있었다. 빗발치는 관념들을 미친 사람처럼 빠르게 지껄이고 있었다. 지수는 나의 손을 잡고 눈동자를 맞추며 말했다. "어디 가거나 하지 않으니까 천천히 이야기해도 돼. 그렇게 누가 쫓아오는 것처럼 조급해하며 말하지 않아도 누나가 다 들어줄 테니까 안심해."

지수가 한 손으로 나의 손을 잡고 나머지 손으로 나의 육체를 만지작거렸다. 그녀의 눈동자 속에 비친 나의 눈동자를 바라보니 묘하게 흥분이 되었다. 우리는 서로의 눈동자를 바라보았고 호흡을 공유하기 시작했다. 그녀의 숨결이 피를 끓어오르게 했으며 침대 위에 쓰러지듯 누운 지수의 빨갛게 상기된 얼굴을 바라보고 있으니 걸치고 있던 옷들이 바닥과 마주하기 시작했다. 색칠 공부를 하듯 그녀의 구석구석에 거친 숨을 입히자 머릿속이 하얘졌다. 매끄러운 눈동자와 촉촉한 입술, 하얀 살결 속으로 빨려 들어갔다. 마구간에 묶여 있던 야생

마의 고삐를 풀어버린 듯 들판을 향해 쉼 없이 질주하는 것처럼 달려
나갔다.
　그날, 나는 그녀의 육체를 통해 이성이 줄 수 있는 쾌락이 무엇인지 알
게 되었다.

첫사랑 3

학교에서 저녁을 먹고 잠시 휴식을 취하며 야간 자율 학습 시간을 기다리고 있는데 지수로부터 전화가 왔다. "지금 어디야?" "학교지. 좀 있으면 야자 시작해." "지금 네가 보고 싶어 죽겠어. 너는 나 안 보고 싶어?" "보고 싶지. 주말에 보자." "그때까지 못 기다려. 지금 당장 와. 빨리."

통화가 끊겼다. 다시 전화를 걸어도 수신음만 울릴 뿐이었다. 잠시 후 당장 오지 않으면 헤어지겠다는 문자가 왔다. 어쩔 수 없이 가방을 챙겨 버스에 올랐다. 더 이상 만남이 즐겁기만 하지 않았다. 하지만 관계를 끝낼 수 없었다. 그녀가 제공해 주는 쾌락의 노예가 되어 있었기 때문에 위에서 관계를 틀어쥐고 군림하려 들어도 거스를 수가 없었다. 자괴감이 밀려왔지만, 어떻게 대처해야 할지 몰랐다.

"핸드폰 좀 줘 봐." "비밀번호가 어떻게 되니?" "0704" "오늘부턴 내 생일로 바꾸자." 그녀가 직접 비밀번호를 바꾸었다. 그리고 메신저로 들어가서 목록을 확인했다.

"이 여자는 누구야?" "중학교 동창." "지워도 되니?" "그래." 처음엔 이런 종류의 질투가 시간이 지나면 나아질 거라 생각했다. 누구나 정신적으로 힘든 시기가 있고 잘 보듬어만 준다면 원래의 그녀로 돌아갈 거라 생각했다. 하지만 의심은 줄어들 기미를 보이지 않았다. 이 여자의 평소 성격이 이렇고 나와 만난 초기에는 드물게 좋은 상태였을지도 모르겠다는 생각이 들었다.

"너는 왜 사랑한다고 말하지 않니? 혹시 내가 싫으니? 표현하지 않으면 알 수가 없단 말이야. 마음속으로 어떤 감정을 지녔는지 말하지 않고는 알 수가 없어. 너의 사랑을 명확하게 인지시켜 줘. 사랑한다고 말해 주고, 네가 없으면 살 수 없다고 말해 줘. 응? 부탁이야. 내가 사랑받고 있다는 걸 머리에 새겨 줘."

정신을 차리고 보니 그녀의 방에 있었다. 나는 지치지 않았다. 마라톤 평원을 달리는 아테네 병사처럼 끝없이 질주했다. 우리의 호흡은 하나가 되었고 교성은 끊이지 않았다. 그녀의 육체는 나의 눈동자를 빼앗아 갔다.

연인에게 이따위 대우를 받았음에도 헤어질 생각을 하지 못하는 자신이 웃겼다. 여자에게 사로잡혀 제정신을 차리지 못하는 자신이 역겨웠다. 그래, 그녀는 나보다 급이 높다. 헤어져도 그녀를 잊게 하여 줄 사람을 만날 가능성이 낮다.

지수는 날 끝없이 테스트했고 늘 사랑을 확인받고자 했다. 처음에는 그녀의 요구에 다 응해 주었다. 내가 그녀를 보듬어준다면 괜찮아질 거라고, 그녀의 상처를 모두 끌어안아 줄 거라고 다짐했다. 하지만 그건 오만이었다. 아무리 상처가 많다 하더라도 타인에게 그걸 모두 이해해 달라는 건 극단적으로 이기적인 행동이다. 최소한 자신의 상처의 절반은 자신이 끌어안아야 하는 것이다. 이건 인성의 문제다. 자신의 아픔을 타인에게 다 풀어내는 건 성격 파탄자나 하는 짓이다. 아프다 해서 그걸 이해받을 수 있으리라 여기는 건 미친 생각이다.

물론 얼마만큼을 자신이 끌어안고 얼마만큼을 연인에게 공유해야 하는지는 아무도 모른다. 누구도 이런 부분에 대해서 비전을 제시해 주지 않았다. 그래도 우리는 지나침을 안다. 스스로 그런 의식마저 없다면 어쩔 수 없지만. 정상적으로 교육을 받고 자라온 사람이라면 충분히 알 수 있다.

솔직히 말하겠다. 어머니가 정신 병원에 들어가지만 않았더라도 나와 그녀의 관계는 지속될 수 있었다.(그게 얼마나 갈지 모르겠지만, 삶이란 알 수 없는 법이니까.) 하지만 어머니가 입원을 하게 되고 장애인 판정을 받은 후 나의 정신은 무너져 내렸다. 더는 지수의 상처를 보듬어 줄 힘을 상실해 버리고야 만 것이다.

나는 그녀를 차단해 버렸다. 그녀는 번호를 바꾸거나 친구의 번호로 내게 연락을 해 왔지만 그때마다 모두 차단해 버렸다. 우리의 관계는 그렇게 끝이 났다.

정신병

　나는 사춘기가 시작된 이후로 어머니에 대한 관심을 끊었다. 우리 둘은 원룸에서 살았지만, 딱히 대화가 없었다.(내가 일방적으로 말을 받아 주지 않은 것이지만.) 하지만 그녀가 어느 순간부터 강하게 방언을 하기 시작했고 나는 신경을 쓰지 않을 수 없었다. 헤드셋을 끼고 볼륨을 최대로 높여도 방언 소리가 노랫소리를 잡아먹었다. 나는 그녀에게 목소리 좀 줄이라고 말했지만 그녀는 신경 쓰지 않고 계속 방언을 했다. 그때는 몰랐다. 그것이 정신병의 시작일 줄은.

　잠에 빠져 꿈을 꾸고 있는데 아랫도리에서 이상한 감촉이 느껴졌다. 나는 계속 잠을 자려 했으나 신경이 쓰여 상체를 일으키니 누군가 내 성기에 손을 올리고 있었다. 크게 당황하여 순간 움직이지 못했다. 눈이 어둠에 차츰 적응하자 손을 올리고 있는 사람이 기도를 하고 있다는 걸 깨달았다. 맞다. 어머니 말고 누가 방에 있었겠는가. 그녀는 열과 성을 다하여 기도를 하고 있었다. 그녀를 밀쳐냈지만 계속 나에게 들러붙어 기도를 했다. "우리 아들이 믿음의 가정을 이룰 수 있게 도와주시옵소서. 아들이 낳는 자식은 하나님만을 바라보며…"

　하루는 웹 서핑을 하며 음악을 듣고 있었다. 갑자기 무언가 모래알 같은 감촉이 내 몸에 뿌려지는 것이 느껴져 헤드셋을 벗고 고개를 돌리니, 어머니가 내게 소금을 뿌리고 있었다. "사탄아 물러가라. 열심히 교회를 다니던 우리 아들의 몸에 붙어 뭐하는 짓이냐."

현관문을 열고 방 안으로 들어와 외투를 벗어 옷걸이에 걸었다. 침대를 보니 어머니가 잠을 자고 있었다. 허기를 느껴 밥솥에 콘센트를 끼우니 그녀가 몸을 일으키는 기척이 느껴져 고개를 돌렸다. "태균이가 누구지?" 잘못 들은 것이 아닌가 싶었다. "태균이가 누군지 기억이 나지 않아. 정말로 사랑하고 소중히 여겼던 사람인 것 같은데. 대체 누군지 생각이 안 나. 하나님, 저의 상태가 이상해요. 아무것도 기억이 안 나요. 태균이가 누구지요?"

"약을 먹고 죽었어야 했는데, 너거 아빠가 날 살렸어. 그때 죽었어야 했어."

"너를 낳은 것을 후회한다. 돌아갈 수 있다면 결혼을 하지도 자식을 낳지도 않을 거야."

병원에 전화를 하니 얼마 지나지 않아 구급차가 왔다. 차의 문이 열리고 두 사람이 내렸는데, 방금 전까지 공사판에서 일을 하다 온 것 같은 복장이었다. 좀 더 나이가 들어 보이는 중년의 남자가 내가 먼저 문을 열게 하고 자신들은 뒤에서 숨어 있다가 강제로 끌고 가는 방법을 제시했다. 사실 그것밖에 없었다.

그들은 시야의 사각지대로 숨었고 나는 초인종을 눌렀다. 문을 이중으로 잠가 놓았기 때문에 열쇠로는 열 수가 없었다. 조그만 구멍으로 눈동자가 보였고 목소리가 철문을 넘어왔다. 문이 열렸다. 차마 어머니의 얼굴을 바라볼 수 없어서 뒷걸음질을 치며 등을 돌렸다. 때 묻은 외투를 걸친 두 명의 남자가 어머니를 강제로 끌고 갔다.

"아들은? 우리 아들은 어디 있지? 놔라! 여자 몸에 손대지 마라. 경찰에 신고할 거야. 아들아, 어디 있니? 우리 아들 오기만 해 봐라."

입원 수속을 밟기 위하여 홀로 병원을 찾았다. 먼지 하나 묻지 않은, 새하얀 가운을 입은 채, 까만 뿔테 안경과 조화를 이루는 차가운 표정을 소유한 의사가 말했다.

"지금 어머님의 상태는 본인이 가장 잘 아시겠지요. 입원이 불가피한 상황입니다. 정신 병동이라는 곳이 사회적 인식만큼 안 좋은 곳이 아닙니다. 다른 선택지가 없기에 어쩔 수가 없습니다. 고등학생이긴 하지만, 사실상 보호자이기 때문에 묻겠습니다. 동의하시겠습니까?"

"나는 좋은 뜻으로 교회 사람들에게 양말을 선물했는데, 고작 이런 것을 선물로 주냐고 뒤에서 손가락질하고 돈이 없다고 무시했어."

"엄마는 마음만큼은 늘 아들에게 가장 좋은 것을 주고 싶었어. 하지만, 나의 노력이 부족한 것인지 신앙심이 부족한 것인지, 뜻대로 되는 일이 없었어."

어머니는 그렇게 정신 병원에 입원을 했고 장애 3급 판정을 받았다.

양자택일

어린 시절에 나는 한 가지의 고난만 있었으면 좋겠다고 생각했다. 경제적으로 가난하거나, 가정이 불화하거나. 하나님께 나에게 그 두 가지 중에 하나만 택할 수 있게 해 달라고 기도했다. 하지만 늘 나의 기도는 외면당했다.

초등학교 4학년 때 개새끼가 집을 떠나며 이런 말을 했다. "바다로 나갈 생각이다. 남자라면 세계를 누비며 살아가 봐야지. 인생은 한 번뿐인데 이 작은 나라에 갇혀 사는 건 폼이 나질 않아." 나는 너무나 기뻤다. 그가 우리 곁을 떠난다니! 드디어 주님께서 내 기도를 응답해 주신 거라 생각했다.

나는 개새끼에게 아무런 애정도 없는 줄 알았다. 정말로 증오와 원망밖에 없는 줄 알았다. 하지만 그가 노숙자로 살고 있다는 소식을 들었을 때, 나는 하루 종일 울었다. 분노와 슬픔이 육체를 휘감았다. 그를 원망했고 신을 원망했다. 내가 그에게 정말 증오밖에 없었더라면, 그토록 비참한 감정을 느끼지 않았을 것이었다.

어머니가 정신 병원에 입원한 후, 나는 둘 중 하나만 선택 할 수 있었으면 좋겠다고 늘 생각했다. 어머니가 장애인이거나, 개새끼가 노숙자거나.

둘 중 하나만 고를 수 있다면 얼마나 좋았을까 하고.

집에 홀로 있으며 나는 생각 말고는 아무것도 하지 않았다. 하루 종일 침대에 누워 터져 나오는 사유와 싸우며 시간을 보냈다. 학교도 지각하기 일쑤였고 빠질 때도 있었다. 어머니는 생각보다 일찍 병원에서 나오게 되었지만 얼마 안 가서 또 입원을 하게 된다. 나는 또 혼자만의 시간을 보내게 된 것이다. 혼자서 보낸 시간은 고통스러웠다. 나는 더 고통받고 싶지 않았기에 내 안에 어머니를 사랑하는 마음을 모두 죽이기로 결정했다. 그녀가 어떤 상태가 되든 어떻게 살아가든 나와는 상관없는 일이라고. 그렇게 다짐하며 내 속에 있던 어머니에 대한 애정을 모두 죽여 갔다.

나는 깨달았다. 스스로가 미쳐 가고 있다는 사실을. 혼자서 매일 생각만 하며 보낸 시간들이 나를 점점 더 미치게 만들었다.

사춘기가 시작될 무렵 인간을 혐오하게 되었다. 하지만 어머니가 정신 병원에 들어간 이후부터는 인간에게 어떠한 감정도 느껴지지 않게 되었다. 그냥 사물과 인간이 차이가 없게 된 것이다. 뉴스에서 아버지가 딸을 강간하고 자식이 부모를 죽여도 내게는 그냥 아무런 일도 아닌 것처럼 느껴졌다. 설사 그게 내 주변의 일이었을지라도 별 차이는 없었을 것이다.

하지만 모순적이게도 누군가 나를 구원해 주었으면, 하고 강하게 바랐다. 사슬에 묶인 프로메테우스를 구해준 헤라클레스처럼 내게도 그런 존재가 나타나 주었으면 하고 바랐다. 하지만 그건 꿈에 불과하다는 사실을 잘 알았다. 그래서 자살을 생각하게 되었다. 사춘기 무렵부터 항상 자살에 대한 생각을 지니고 있었지만 행동력은 없었다. 하지만 이 시점부터 자살을 생각하게 될 때에는 그 속에 행동력을 포함하고 있었다.

전교 회장 선거

어느 날이었다. 쉬는 시간에 멍하니 창밖을 바라보고 있는데, 교사가 전교 회장 선거에 관심 있는 사람은 손을 들어 보라고 말했다. 나는 당연히 그런 것에는 관심이 없었다. (그 시기에 거의 모든 일에 관심이 없었다.) 그런데 갑자기 나의 연설 능력을 보여 주고 싶다는 생각이 들었다. 그것은 강한 욕구였다. 그래서 나는 손을 번쩍 들었다.

친하게 지내던 제리(친구의 별명이다. 내가 지어 주었다.)가 말렸다. 무슨 연설 능력을 보여 주려 하는 것이냐고 그냥 욕이나 다발로 먹을 것 같으니 하지 말라고. 그때 그의 말을 들었어야 했지만 나는 누군가의 말을 들을 수 있는 상태가 아니었다. 보여 주고 싶었다. 나의 연설 능력을. 사실, 전교 회장에는 관심도 없었다. 큰 무대가 필요했다. 나를 보여줄 큰 무대가. 천 명이 넘는 사람 앞에서 연설을 할 기회가 쉽게 주어지겠나. 그래서 나는 포기할 수 없었다.

본격적으로 선거 시즌이 다가오고 전교 회장에 출마한 후보들과 그의 친구들이 피켓을 들고 선거 활동을 했다. 하지만 나는 선거 활동 같은 건 하지도 않았다. 그런 것에 관심이 없었기 때문이다. 나는 공약도 내지 않았다. 무공약이 공약이라는 말을 남겼을 뿐이었다.

교사가 나를 교무실로 불렀다. 지금 장난하는 거냐고. 전교 회장 선거가 네 눈에는 장난으로 보이냐고 물었다. 나는 장난이 아니라고 답했다. 사실 전교 회장 같은 건 관심이 없다고. 내게는 연설을 할 수 있는 큰 무대가 필요한 거라고 답했다. 그는 나를 미친 사람 보듯이 보았다.

제리가 내 연설을 듣더니 지금이라도 사퇴하라고 말했다. 왜냐고 물으니 이건 도저히 사람들이 수용할 수 있는 연설문이 아니라고 말했다. 나는 그의 조언을 듣지 않았다. 사퇴는 없다. 계속 나아가서 나의 연설을 보여 주고 말리라. 그렇게 생각했다.

시간은 흐르고 선거 날이 다가오기 시작했다. 후보들과 지지자들은 열심히 선거 운동을 했지만 나에게 선거 운동 같은 건 없었다. 슬슬 사람들이 나를 바라보는 시선이 이상해지고 있다는 게 피부로 느껴졌다. 하지만 괜찮았다. 나는 연설로 보여 줄 거니까. 내가 어떤 인간이지 보여 줄 거니까.

학생회 임원진들이 청문회 같은 형식으로 전교 회장 후보들을 불러서 영상을 녹화했다. 나는 그중 한 명과 싸웠다.(한 학년 위의 선배였다.) 그는 나를 때리려고 했다. 하지만 주변에서 말려서 싸움으로 번지지는 않았다. 그는 운이 좋았다. 그 시기에 나는 사람을 죽일 수도 있었을 것이다.

선거 날 아침 방송으로 청문회 영상이 공개되었다. 다른 후보들의 영상은 무난했다. 문제는 내 영상이었다. 나는 누구보다도 오만방자하고 중2병에 깊게 빠져 있는 미친놈이었다.(스스로도 그렇게 느낄 정도였으니 타인의 눈에는 어떻게 비쳐졌겠는가.) 여과되지 않은 말들이 방송을 타고 학생들에게 전달되었다. 그제야 정신이 들었다. 내가 뭐하고 있는 거지? 하지만 때는 늦었다. 이제 와서 사퇴한다고 할 수도 없는 일이었다. 내가 준비한 연설문을 다시 한번 읽어 보았다. 이건 안 된다. 연설마저 하게 될 경우 사태는 걷잡을 수 없이 커질 것이다.

내 차례가 다가오길 기다리고 있었다. 얼마 지나지 않아 내가 연단에 올라갈 시간이 왔고 나는 연단에 올라 두 마디 정도를 했던 것 같다.(내용은 기억이 나질 않는다.) 준비한 연설이 아닌 그냥 빨리 이곳을 벗어나야겠다는 생각뿐이었다. 내가 말을 하고 있을 때 객석에서 야유가 쏟아졌다.

이날이 지나고 전교생과 교사들이 나를 병신으로 보는 게 느껴졌다. 이미지 메이킹의 달인이었던 내가 이런 짓을 하다니! 너무나 큰 실수였다. 그날 이후로 내게 시비를 거는 아이들이 생겨났다. 하지만 나는 호락호락하지 않았기에(아주 잠깐 초등학교 고학년 시절로 돌아갔다.) 그런 행위는 얼마 안 가 수그러들었다.

나는 변기에 앉아 용변을 보고 있었다. 그런데 바깥에서 나의 이야기를 하는 것이 들렸다. "걔는 왜 그렇게 됐냐?" "나도 몰라." "아니 사람이 너무 바뀌어서 놀랐잖아. 초등학교 때 이미지는 솔직히 무섭긴 해도 멋있었는데 지금은 그냥 미친놈이 되었던데?" "들리는 소문에는 집안이 망해서 정신 줄을 놓아 버렸다고 하더라고."

기생수

초인종 소리가 들렸다. 구멍으로 확인을 하니 동장 아주머니가 서 있었다. 기초 생활 수급자에게 나라에서 지급하는 쓰레기봉투를 건네주러 온 것이다. 그녀가 건넨 종이에 사인을 하고 봉투를 받았다. 썩 기분이 좋지 않았다. 그녀는 한때 친한 친구였던 아이의 어머니였기 때문이다.

지금에 와서는 전혀 그런 감정을 느끼지 않을 테지만, 어릴 때는 병원에 가서 돈을 내지 않는 다는 게 부끄러웠다. 그래서 스스로가 판단할 때에 감기 정도는 오히려 더 병원을 가지 않았다. "돈은 내지 않으셔도 되세요." 병원의 간호사와 약국의 약사가 돈을 내지 않아도 된다고 말할 때에 주변의 누군가가 들으면 부끄러웠다. 겉으로는 당당한 척했지만 속은 앓고 있었다.

중학교 수학여행을 가는 버스 안에서 교사가 나를 불렀다. 그녀는 봉투를 하나 건넸다. "이거 교육청에서 수학여행 지원금 나온 건데 가져가." 나는 그것을 들고 등을 돌렸는데 교사가 나를 잡았다. "아 참. 원의 것도 있어 네가 좀 가져다줄래?" 나는 두 개의 봉투를 들고 친구들 사이를 지나 원의에게 봉투를 건넸다. 굳이 지금 이런 방식으로 돈을 건넸어야 했을까. 조금의 배려심. 약간의 지능만 있다면 이러지 않았을 텐데.

이해가 가질 않았다.

　모든 수업이 끝나고 담임 교사가 교실로 들어왔다. 그녀의 손에는 몇 권의 문제집이 들려 있었다. "지금부터 호명하는 사람들은 나와서 책을 가져가도록 해라." 한 아이가 자신의 이름이 불리자 고개를 떨구고 기죽은 태도로 친구들의 눈을 쳐다보지도 못하고 책을 가져갔다. 난 그러기 싫었다. 내 이름이 불리자 나는 고개를 빳빳이 들고 당당한 태도로 앞으로 나갔다. 책을 받아 들고 자리로 돌아오니 앞에 앉은 눈치 없는 친구가 물었다. "너는 그거 왜 받는 거야?" 나는 그의 눈동자를 응시하며 답했다. "뒤지기 싫으면 닥쳐라."

　초등학교 시절 가정 환경 조사서라는 것을 작성하여 교사에게 제출해야 했다. 부모의 직업이 무엇인지 나이가 어떻게 되는지 등등…. 나는 아버지가 없었기에 부라는 공간 밑이 공백이었다. 교사가 가정 환경 조사서를 거두고 교실 안에 있는 자신의 책상 위에 그것을 놓아두었다. 공교롭게도 나의 종이가 젤 위라서 아이들이 지나가며 그것을 볼 수가 있었다. 그날 한 아이가 내게 다가와서 아버지는 뭘 하시는지 물었다. 나는 대답 대신 녀석의 얼굴에 침을 뱉어 버렸다.

　가난은 질병이다. 아주 지독한 질병. 방심하고 있으면 정신을 파먹어 버린다. 원래 초등학교 때까진 가정을 이루고 싶은 마음이 컸다. 나는 파괴된 가정에서 자랐지만 내 자식에게만큼은 행복한 가정을 주고 싶은 마음이 있었다. 하지만, 사춘기가 시작되고 그런 것이 다 부질없게 느껴졌다. 자식에게 정서적으로나 물질적으로 풍족한 환경을 제공해 주지 못한다면 자식을 낳지 않는 것이 맞다고 여겨졌다. 고통뿐인 세상에 자식을 낳는 건 지극히 이기적인 행동이라는 생각이 박혀 떠나질 않았다. 사실 자식은 낳아 달라고 한 적이 없다. 부모의 행복을 위해, 부모의 목적을 위해, 혹은 그저 욕구의 부산물로써 세상에 태어나는 것이다. 그러고 싶지 않았다. 만약 내 자식이 태어나고 싶지 않았다고 말하면 뭐라 할 말이 없을 것 같았다.

'성인이 되면 정관 수술을 받아야겠다.'

신체검사

　알바를 마치고 집으로 돌아오니 책상 위에 우편 하나가 놓여있었다. 봉투를 뜯으니 신체검사를 받아야 한다는 내용이 적혀있었다. 그제야 성인이 된 것이 실감났다. 드디어 나도 국가가 인정하는 성인이구나.

　신체검사를 받기 위해서 병무청으로 향했다. 또래의 남자들이 그곳으로 모이고 있었다. 병역은 국가를 이루는 중요한 요소이기 때문에 체계적일 것이라 여겼는데, 보건소에서 건강 검진을 받는 것처럼 허술한 분위기였다.

　신장과 체중을 재기 위하여 줄을 섰다. 기계를 보니 머리에 닿아 키를 측정하는 부분이 비스듬하게 기울어져 있었다. 어느 부분에 부딪히느냐에 따라 2cm는 차이가 날 것으로 보였다. 사람들은 고작 종이 쪼가리에 1~2cm를 더 크게 적히기 위하여 높은 부분에 닿으려고 애를 썼다.

　나의 차례가 왔고 똑바로 서서 움직이지 않았다. “177.8” 공무원은 기록지에 177cm라 적었다. 신체검사는 빠르게 진행되었고 현역 판정을 받았다. 나는 궁금해졌다. 정말로 이대로 군대에 끌려가는 것일까? 나의 경제 상황과 가정 형편이면 다른 처분을 받지 않을까?

　“예전에 이와 비슷한 경우가 있어서 확실하게 답변을 드릴 수 있습니다. 아버지와 어머니가 이혼을 하고 연락이 두절된 채 꽤 오랜 시간이 지났다고 해서 법적으로 부모가 아닌 것은 아닙니다. 혹시나 재산이 있을 수도 있으니까요.” “재산이 없다고 가정하면 어떻게 되나요?” “동의서를 받아야 합니다. 금융 정보를 제공해 달라는 문서지요. 그것이 없다면 실제로 재산이 없다고 하더라도 같습니다.” “무슨 일이 있어도 동의서를 받아야 한다는 말인가요?” “네. 현행법상 그렇게 되어 있기 때문에 저희는 따를 수밖에 없습니다.”

“그거 말고 다른 방법은 없나요?” “없습니다. 아무리 슬픈 사연을 가지고 있다고 하더라도 그것을 증명하려면 정규적인 절차에 따라야 합니다. 어쨌거나 본인만의 사정이고 일방적으로 주장하는 내용이니까요.”

사실 나는 적극적인 태도를 취하지 않았다. 얼마 안 가 죽을 생각이었기 때문이다.

노숙자

신체검사를 받고 얼마 후 나는 서울로 올라오게 된다. 죽기 전에 서울에서 한 번 살아 보고 싶었기 때문이다.(사실 어머니와 원룸에서 더 살고 싶지 않았던 이유가 컸지만.) 말은 제주로 가고 사람은 서울로 가야 한다는 말이 있지 않은가. 경산에서만 살다 죽고 싶진 않았다. 캐리어를 챙겨 집을 나왔다. 무궁화를 타니 4시간이 넘게 걸렸다.

캐리어는 무거웠지만 서울 구경을 좀 해 보고 싶어서 고시원으로 바로 향하지 않고 서울역 주변을 돌아보았다. 딱히 볼 건 없었다. 보이는 거라곤 노숙자들뿐이었다. 아무런 희망도 목적도 없이 그저 하루하루를 살아가고 있는 그들을 보며 개새끼가 떠올랐다. 그도 저들 무리에 섞여서 하루하루를 보내고 있겠지. 혹시 마주치지는 않을까 하는 생각이 들었지만, 마주친다 하더라도 그는 나를 알아보지 못할 것이었다.(세월이 십 년 가까이 흘렀으니.) 서울역 주변에 있는 고시원에 짐을 풀고 밖으로 나왔다. 인생의 대부분을 원룸에서 산 나였지만 고시원은 너무 좁고 답답했다.

그 근방에도 노숙자들이 많았다. 한 노숙자 무리가 술판을 벌이고 있었다. 돈이 어디서 나서 술을 먹는 것일까. 구걸로 얻은 돈일까? 한심함이 밀려왔다. 하지만 조금 더 생각해 보았다. 술이 없으면, 취하지 않으면 살아갈 수 없는 상태가 아닐까. 나도 인터넷이 없었다면 하루하루를 살아갈 수가 없었을 것이다. 현실을 똑바로 쳐다보는 건 힘든 일이다. 삶이 파괴되

어 버린 인간은 도피를 택할 수밖에 없다. 미칠 수밖에 없다. 제정신으로
는 살아갈 수가 없다.

　당시의 나는 카드를 쓰지 않고 현금을 들고 다녔다. 자주 가는 편의점에
서 값을 치르고 나면 잔돈이 남았다. 근처에서 늘 잠을 자던 노숙자가 있
었다. 그의 앞에는 녹슨 통조림통이 하나 놓여 있었는데, 나는 종종 그 통
조림통에 잔돈을 넣고 갔다. 노숙자에게 돈을 줘 봐야 술값으로밖에 쓰이
지 않는다는 사실을 잘 알았지만, 그 돈을 모아 구호 단체에 주는 것이 더
값지게 쓰이리라는 사실을 알았지만, 그냥 그에게 주고 왔다. 보이는 대상
에게 적선을 하는 것이 즉각적인 보상을 주었기 때문이다.
　어느 날 그의 근처에서 담배를 피웠을 때가 있었다. 그는 내 쪽으로 다
가와 한 개비만 달라고 했다. 나는 흔쾌히 한 개비를 주고 불을 붙여 주었
다. “고마워. 학생.”(나는 학생이 아니었지만 사람들은 나를 학생이라고 불
렀고 그도 마찬가지였다.) 담배를 다 피우고 자리를 뜨려고 하는데 그가
말을 걸어왔다. “학생 돈 좀 줘. 술을 마시고 싶은데 돈이 없어.” 그의 태도
는 맡겨 둔 돈을 찾아가는 것 같았다. 내가 어리석었다. 이날 이후 길거리
에 있는 거지들에게 십 원 하나도 준 적이 없다.

　개새끼가 노숙자로 살아간다는 사실을 알게 된 이후로 길거리에서 거
지들이 통을 놓고 구걸을 하는 걸 볼 때 그 통을 걷어차 버리고 도망친 적
이 몇 번 있었다. 내가 편의점 근처에 노숙하고 있는 노숙자에게 호의를
베푼 건 어쩌면 그때의 부채 의식 때문인지도 모른다.

태풍 전의 고요

　내 인생에 가장 평화롭던 시기가 있었다. 당시 나는 에스텍 시스템이라는 경비 업체에서 일을 하며 여가 시간에 독서를 하고 헬스장을 갔다. 집도 고시원에서 좀 더 넓은 하숙집으로 옮기게 되었다. 당시의 나는 삶의 만족도가 높았다. 우선 난생처음으로 자신의 방을 가지게 되었다.(어린이집을 다닐 때 내 방이 있었지만, 그 시기는 기억에서 아주 조그마한 부분을 차지한다. 그러니까 사실상 처음이었다.)

　책을 읽는 것이 매우 즐거웠다. 독서의 재미에 다시금 푹 빠지게 된 것이다. 어느 한 장르에 치우치지 않고 재미있어 보이는 책이면 집어 들어 독서를 하곤 했다. 도서관과 서점을 자주 찾았다. 책에 둘러싸여 있다는 그 느낌이 좋았다. 그냥 아무 일도 하지 않고 책만 읽었으면 좋겠다고 생각했다.

　규칙적으로 운동을 하니 몸이 건강해졌다. 사춘기 시절에 매일 400개씩 팔 굽혀 펴기를 하긴 했지만, 러닝이나 다른 부위의 운동은 하지 않았었는데, 헬스장을 다니며 제대로 운동을 하기 시작한 것이다.

　이렇게 되다 보니 그 어느 때보다 정신이 맑아졌다. 나를 잠식하던 우울의 그림자도 점점 더 옅어져 갔다. 자살에 대한 생각도 확연히 줄어들어 악몽을 꾸는 날 빼고는 긍정적인 사고를 했다. 진작 이렇게 살 수 있었다면 얼마나 좋았을까. 혼자 사는 것이 이렇게 만족도가 높을 줄 몰랐다. 독립을 하기 잘했다고 여겼다.

과거의 상처는 묻어 두고 살아갈 수 있을 것만 같았다. 하루하루 뇌가 맑아지는 것이 느껴졌다. 그리고 마음의 상처도 미약하게나마 치유되고 있음을 느꼈다. 모든 것이 긍정적이었다. 아마 이 시기가 내 인생에서 가장 긍정적이던 시기가 아니었을까? 괜히 미래를 생각하지 않았다. 나는 미래를 생각하면 늘 불안했기 때문이다. 사실 생각이란 게 하지 않겠다고 해서 할 수 없는 것이 아니었다.(나는 그랬다.) 하지만 이 시기에는 그것이 가능했다. 잡생각이 많이 들지도 않고 나를 괴롭히던 사유들도 잠잠해졌다.

현재가 무척이나 만족스러웠다. 비록 옆방의 소음이 거슬릴지라도, 낮은 급여 때문에 충분한 소비를 못했을지라도, 연락하는 여자가 한 명도 없었음에도 아쉽지가 않았다. 이대로 사는 것도 좋아 보였다.

얼마 만에 느껴보는 평안함인지 몰랐다. 행복은 거창한 것이 아니라 이런 것이라 생각했다. 나는 많은 것을 원하지 않았다. 이대로도 충분히 만족스러웠다. 작은 것에 감사하며 만족할 줄 아는 삶. 그 가르침이 이제야 나에게 적용되는 것이 아닐까 싶었다.

사실상 인간관계를 맺지 않고 살았다. 직장에서 맺어야 하는 최소한의 관계를 제외하고는 아무런 관계도 맺지 않았다. 그 편이 좋았다. 사람이 주는 즐거움도 있지만 고통이 더 컸다. 혼자라서 외롭지 않았다. 쓸쓸함을 느끼지 않았던 것이다. 이대로 평생 혼자만의 세상에서 살아가고 싶었다. 사춘기 때도 혼자만의 세계에 갇혀 지냈지만 이것과는 달랐다. 그건 도피였고 이건 해방이었다.

한 번씩 이렇게 얼마나 살 수 있을지에 대한 고민이 올라왔지만 저편으로 치워 버렸다. 어머니와도 최소한의 연락만 했다. 명절에도 내려가지 않았다. 사실 사춘기 때부터 친척들과의 인연을 거의 끊고 살았다. 그들이 보기가 싫었기 때문이다. 어머니가 저렇게 고생하며 사는데 좀 더 적극적으로 도와주지 않는 그들이 싫었다.

도시 속의 수도승처럼 일과 독서, 운동만 했다. 술은 마시지 않았고 담배도 피우지 않았다. 인간을 멀리했기에 스트레스도 불필요한 약속도 없었다. 고요했다. 그 어느 때보다 평화로웠다.

도박 1

　갑자기 외로움을 느끼게 된 날이 있었다. 공교롭게도 그날, 직장 동료가 술을 한잔 사 준다고 하였다. 그와 친하게 지낼 생각은 추호도 없었지만, 외로웠기 때문에 제안을 수락했다. 일이 끝나고 함께 택시를 타고 그의 단골 Bar로 향했다. 바텐더가 입고 있는 고급스러운 양복을 보고 술값이 비쌀 거란 예상을 했다. 월급이라고 해 봐야 알바 수준을 벗어나지 못하는데, 무슨 돈으로 이곳에서 술을 먹나 싶었다. 몇 잔을 비우게 되었을 때 궁금증은 풀리게 되었다.

　그는 스포츠 토토에 빠진 사람이었다. 많이 벌 때는 월급의 3배도 번다고 했다. 그때마다 충동적으로 소비를 한다고 했다. 그는 나에게 절대 하지 말라고 했다. 아무나 돈을 버는 건 아니라고, 자신은 실력이 뛰어나서 손해를 보지 않는 것이라고.

　하숙집에 돌아와 변기에 토를 했다. 침대에 누웠는데 잠이 오지 않아 한 시간 가량 뒤척였다. 결국 자는 것을 포기하고 핸드폰을 잡았다. 시사 뉴스를 보다가 스포츠 뉴스가 눈에 들어왔다. 그날 올라온 모든 해외 축구 기사를 탐독했다.

　솔직히 말해 지금의 생활에 만족은 하고 있었지만, 지루함을 느끼고 있었다. 가슴의 떨림이 없었단 말이다. 소액만 베팅을 한다면 도박이 아니라 게임이 아닐까. 네이버 블로그에 올라온 분석 글들을 보고 나름의 분석을 하여 3개의 경기에 소액을 걸었다. 베팅을 하고 나자 잠이 쏟아졌다. 쉬는 날임에도 불구하고, 늦잠을 자지 않고 일찍 잠에서 깨어났다. 심장이 너무 두근거렸다. 경기 결과를 확인했는데, 3경기 모두 적중이었다. 짜릿했다. 금액은 중요하지 않았다. 이런 가슴 떨림은 정말 오랜만이었다.

배가 고팠지만 밥 생각이 나지 않았다. 기사와 블로그에 올라오는 정보를 보고 몇 시간 동안 분석을 했다. 정말 시간 가는 줄 몰랐다. 야간 근무를 서면서 계속 핸드폰을 붙잡고 경기 분석을 했다. 마지막에 걸었던 팀이 승리하게 되자 나도 모르게 소리를 질렀다. 얼마 안 가 독서를 할 수 없을 지경으로 빠져들어 눈을 떠 있는 시간 모두를 토토에 투자하기 시작했다. 나의 적중률은 높았다. 이건 도박이 아니라 게임이었다.

철저히 전력을 분석하여 확신이 들기 전까지는 베팅하지 않았기에, 실력이라는 생각이 박히게 되었다. 잃고 따고를 반복했어도 정산을 해 보면 플러스였기에 이런 생각은 더욱 강해졌다. 한 번의 베팅으로 월급보다 많은 금액을 얻었을 때, 정신을 놓아 버렸는지 그 돈 전부를 베팅했다. 경기가 진행되는 내내 심장이 두근거렸다. 결과는 실패였다. 일주일간 잠도 못 자고 밥도 제대로 먹지 못했다.

그 순간 도박에 빠져 버렸다는 자각이 들었다. 나에게 도박이라는 행위는 절대 악과도 같은 것이었는데, 어째서 빠져 버리게 되었을까. 오히려 악으로 규정한 것이 화근이었는지 모른다. 도덕률을 위반하는 것은 마치 선악과를 훔치는 것처럼 전율을 선사해 주었기 때문이다.

자책에 빠졌지만 도박을 향한 욕구는 스스로가 통제할 수 있는 것이 아니었다. 왜 실패에 빠졌는지에 대해 철저히 분석했다. 시나이산 위에서 계시를 받은 모세처럼 도박의 10계명을 써서 벽에 붙여 놓고 하루에 몇 번이고 정독했다.

1. 승패가 너무 확실해 보이는 경우는 베팅하지 않는다.

2. 승패 이외에는 돈을 걸지 않는다.

3. 아무리 잘 아는 팀이라도 직접 분석을 하지 않고서는 베팅하지 않는다.

4. 아무리 확률이 높고 배당이 좋아도 정해둔 금액 이상은 베팅하지 않는다.

도박 2

십계명을 지키며 베팅을 하니 매달 월급 이상의 금액이 들어왔다. 사실 돈이 중요한 것이 아니었다. 인생에서 그렇게 열정적으로 무언가에 빠져본 것이 처음이었다. 10시간을 쉬지 않아도 지치지 않았으며 3시간만 자도 잠이 오지 않았다. 교대 근무로 인해 깨진 수면 리듬이 베팅을 한 이후로 완전 박살이 나 버렸다.

잠에서 깨어나면 벽에 붙은 십계명을 보며 중얼거렸다. 나의 통찰력은 대단했다. 진작 이렇게 살았다면 최소한 가난에 허덕이지는 않았을 것이다. 하지만 낙엽이 지고 야구 시즌이 끝나자, 주력으로 베팅하던 레드삭스와 골든 이글스의 무패 투수에게 더는 베팅할 수 없게 되었다. 자연스럽게 적중률은 감소하기 시작했다.

돈을 따는 날이면 Bar를 찾아 칵테일을 마시며 고급스러운 분위기와 그저 운일 뿐이었던 자신의 능력에 취했다. 쉽게 들어온 돈은 쉽게 나가는 법이다. 입술이 트는 계절이 오자 그간 벌어온 돈의 절반 이상을 탕진하게 되었다. 분석은 틀리기만 하고 술은 늘어만 갔으니 당연한 결과였다. 거부가 되는 환상이 깨지게 되자, 무한할 줄 알았던 체력이 바닥을 보이기 시작했다. 도저히 일을 할 수 있는 상태가 아니라서 팀장에게 퇴사하겠다고 말했다. 팀장은 퇴직금이 나올 때까지만 일을 하라고 권유했지만 도저히 일을 할 수 있는 상태가 아니었다.

기력을 회복하기 위해 방 안에 틀어박혀 잠만 잤다. 그렇게 2주일을 보내니 어느 정도 체력을 회복하게 되었다. 분석이 틀린 건 체력이 바닥났기 때문이라는 결론을 내리고 다시 한번 베팅을 했다. 이때 실패를 하는 것이 자연스러운 흐름이지만, 나는 성공을 했다. 적어 두었던 십계명을 수정하며 체력과 운과 분석력은 하나라는 삼위일체론을 정립했다.

충분한 휴식이 좋은 결과를 얻는다는 새로운 계명을 충실히 이행하니 다시금 성공을 맛보았다. 자제만 할 수 있다면, 계명을 지키기만 한다면, 이걸로 먹고살 수도 있을 것 같았다. 아니, 그 이상도 가능해 보였다. 하지만 나는 자제력이 좋은 사람이 아니었다. 합리화를 반복하며 계명을 어기기 시작했고 다시금 실패를 맛보았다.

이제 도박을 끊어야 했다. 정말 마지막이라 다짐하며 큰 금액을 배팅했다. 이것을 끝으로 다시는 스포츠 토토를 하지 않으리라. 결과가 나오는 시간까지 심장이 미친 듯 뛰었다. 이러다 심장이 터져 버리는 것이 아닐까? 결과는 적중이었다. 나는 몇 달간 돈을 벌지 않아도 될 만큼의 금액을 벌었다. 환희가 육체를 감쌌다. 기쁨을 주체할 수가 없었다.

개가 똥을 끊지 내가 도박을 끊을 수 있었겠는가? 나는 끊지 못했다. 정말 피는 못 속이나 보다. 개새끼가 도박에 빠져 가정을 파탄 내 버렸는데, 그걸 보고 자란 내가 도박에 미쳐 버리다니. 하지만 나는 다르다고 여겼다. 이름 있는 도박사가 될 수 있을 것만 같았다.

그렇게 나는 성공과 실패를 반복하며 시간을 허비하고 있었다. 정산을 해 보면 손해는 보지 않았기에 끊을 수가 없었다. 늘 큰 성공을 한 번만 하고 그만두자고 다짐했지만, 결심은 쉽게 무너져 내렸다. 큰 성공을 하게 되면 그 환희를 잊지 못해서 다시금 베팅을 하고 있는 자신을 발견하고야 만다. 늘 '이번이 마지막이다. 이번이 마지막이야.'라고 중얼거렸지만 끝은 보이지 않았다.

　도저히 한 번에 끊을 수가 없었다. 그건 불가능이라는 것을 인정했다. 조금씩 줄여 나가자고, 점진적으로 끊어 가자고 다짐했다. 운이 좋게도 베팅을 점점 줄여 나갈 수 있었다. 횟수를 줄이고 금액을 줄이고, 분석하는 시간을 줄여나갔다. 완전히 끊어 내진 못했지만, 정말로 취미 수준으로 줄일 수 있게 되었다. 이것은 정말 쉽지 않았다. 내가 한 모든 일 중에 가장 어려운 일이었다.

성형

　나는 사람들이 일반적으로 가지는 성형에 대한 관점이 틀렸다고 생각했다. 참 웃기다. 금수저는 그리도 싫어하면서 외모를 타고난 사람은 그토록 추앙하기 바쁘다니. 하나만 했으면 좋겠다. 둘 다 싫어하거나 둘 다 좋아하거나.

　성형을 부정적으로 생각하지 않았다. 오히려 이전 시대에는 불가능했던 외모의 계층 이동을 가능하게 만들어 주었다고 생각했다. 하지만 같은 의사에게 다른 결과물이 나오는 걸 보면 성형의 잠재력이라는 것도 타고나는 것으로 보였다.

　나는 꿈이 있었다. 나를 아는 사람이 하나도 없는 곳으로 떠나 그곳에 정착하여 사는 것. 이름도 바꾸고 외모도 바꾸고 전혀 다른 사람으로 살아가는 것이다. 이건 사춘기가 시작 될 때부터 가졌던 로망이었다. 미국에서 태어났다면 가능했을 텐데. 한국은 너무 좁았다. 나의 로망이 실현되기 좋은 땅이 아니었다. 이민도 생각해 보았지만, 현실적으로 그것을 준비하기는 어려웠다. 난 그리 성실한 사람도 아니었다.

　사춘기 시절 외국에서 살다온 아이들이 외국어를 잘하는 것을 보면, 부러웠다. 마치 계급이 나누어진 것 같았다. 물론 내가 노력했다면 충분히 외국어 하나쯤은 잘 할 수 있었을 것이다. 그들도 물론 노력을 했을 테지만, 그저 주어진 것으로만 보였다. 대체로 외국어를 잘하는 친구의 집은 잘살았다. 경제 사정과 외국어 능력은 유의미한 관계가 있다는 것을 다들

알지 않을까.

　외모 이야기로 돌아가자. 내 외모의 최저점은 중고등학교 시절이었다. 중학교에 올라가면서부터 급격히 살이 쪘고 더는 이성에게 어필하지 못하게 되었다.(외모와 맞물려 성격의 변화도 큰 요인이었지만) 안경의 도수는 높아져만 갔고 살은 찌기만 했으니 당연한 결과였다. 자연스레 거울을 보면 스트레스를 받게 되었다. 이건 내가 원하던 외모가 아니었다.

　변화하고 싶었다. 단순히 잘생겨지는 것이 아니라 다른 사람으로 탈바꿈하고 싶었다. 누군가는 부모가 준 외모인데 어떻게 칼을 대냐고 하지만, 나는 부모가 준 외모이기 때문에 변화하고 싶었다. 그들의 흔적을 모두 걸어내고 싶었다. 새로운 사람으로 다시 태어나고 싶었다. 업그레이드가 되지 않는다 하여도 외모를 바꿔 준다고 한다면, 나는 그 길을 택했을 것이다. 내게 속한 과거를 모두 지우고 싶었다. 철저히.

　나는 성형외과를 찾았다. 많이 고민하지도 않았다. 다른 얼굴로 변화하고 싶었다. 의사는 나를 환자가 아닌 고객이라고 불렀다. 신기했다. 웃겼다. 그 점이 마음에 들어 다른 병원을 가 보지도 않고 수술 날짜를 잡았다. 돈은 있었다. 생각보다 많은 돈이 들지도 않았다. 시간은 흘렀고 수술을 하는 날이 다가왔지만 별다른 떨림은 없었다.

　하지만 수술대로 올라서는 그 순간에 가슴이 미친 듯이 뛰었다. 갑자기 두려워진 것이다. 실패하면 어떡하지? 부작용에 시달리면 어떡하지? 간호사에게 수술을 취소한다고 말하려다가 가까스로 참았다. 뛰는 가슴을 진정시키며 수술대에 누웠다. 밝은 조명을 바라보고 있는데, 의사가 와서 곧 잠이 들 거라고 말했다. 그의 말대로 정말 순식간에 잠이 들었다.

　잠에서 깨어나니 의사가 수술은 성공적이라고 말했다. 간호사에게 부축을 받고 화장실로 걸어갔다. 거울을 보니 괴물이 하나 서 있었다. 하지만 후회는 하지 않았다. 이전의 나는 더 이상 보이지 않았기 때문이다. 집으로 돌아오니 마취가 풀렸다. 통증이 밀려왔다. 마취를 하는 대수술은 난생 처음이었기 때문에, 고통에 익숙하지가 않았다. 생각보다 아팠다. 붓기가 어느 정도 가라앉을 때까지 방 안에 틀어박혀 있었다. 그래도 다행이었던 것은 도박에 시간을 많이 쏟아붓지는 않았다는 점이다.

붓기가 가라앉고 셀카를 찍어 고향에 있던 제리에게 보냈다. ㅡ 누구세요? 그는 사진을 보고 그렇게 말했다. 흡족했다. 이전의 나는 이제 없었다.

여인들 1

　도박에 손을 대기 시작하면서부터 베팅에 적중하는 날이면 Bar를 찾아 술을 마시는 습관이 생겨났다. 칵테일은 애쓴 나를 위한 보상이었다. 처음엔 그저 칵테일을 즐기고 살짝 취기가 오르는 것이 좋아서 bar를 찾았다. 하지만 점점 새로운 여인과의 만남이 즐거워져서 그곳을 찾기 시작했다.

　하루는 바텐더와 이야기를 나누며 혼자 미도리 샤워를 마시고 있는데, 시선이 느껴졌다. 그쪽으로 고개를 돌리니 한 여인이 자꾸만 내 쪽을 힐끔거리고 있었다. 솔직히 그녀의 외모는 평범했지만, 술이 들어가서 그런지 끌렸다. 나는 바텐더에게 말했다. 저 여자가 자꾸 나를 힐끔거린다고. 그는 웃으면서 그녀의 옆으로 가보라고 답했다. 솔직히 그런 행위는 처음이었기 때문에 용기가 나질 않았다. 내가 머뭇거리고 있으니 바텐더가 술을 한 잔 사 주라고 말했다. 그것이 좋아 보여 미도리 샤워 한 잔을 사 주었다. 바텐더가 잔을 건네자 그녀는 내게 미소를 지어 보였다. 사실 거기까지가 끝이었다. 나는 그녀에게 다가갈 용기가 없었다.

　그냥 술이나 한 잔 더 마시고 집으로 가야겠다고 생각하며 그녀에게 시선을 주지 않았다. 몇 분 후 갑자기 옆자리에 누군가 앉았다. 그녀였다. 가슴이 뛰었다. 내게 이런 일이 생길 줄은 몰랐다. 그녀는 취해 있었다. "왜 시선을 피해요? 내가 싫어요?" 나는 아무 말도 하지 못했다. "술이나 한 잔 더 사 줘요." 무슨 술을 시켰는지는 기억나지 않는다.

우리는 이야기를 했다.(사실 그녀가 떠드는 걸 내가 듣고 있을 뿐이었다.) 몇 시간 동안이나. 그렇게 이야기를 하다 보니 문을 닫을 시간이 되었다. 우리는 손을 잡고 함께 그곳을 빠져나와 거리로 나왔다.(나는 사실 조금 굳어 있었다. 그녀가 모든 것을 리드했다.

거리에서 함께 담배를 피우고 키스를 했다. 편의점에서 콘돔을 사고 모텔로 향했다. 그녀는 샤워를 하러 욕실로 들어갔고 나는 침대에 누워 천장을 바라보았다. 사실 어안이 벙벙했다. 이게 지금 현실인가? 내가 여기서 뭐 하고 있지? 이래도 되는 건가? 여러 가지 의문이 들었지만 의문보다 성욕이 강했다.

그녀는 능숙하게 나의 성기를 빨았다. 여자 경험은 얼마 없었어도 지루였기 때문에 쉽게 사정을 하지는 않았다.(사실 그날 사정을 못했다.) 그렇게 그녀와 섹스를 했다.

다음 날 전화벨 소리에 눈을 떴다. 전화를 받으니 종업원이 퇴실 시간이라고 알려 주었다. 방 안에는 나밖에 없었다. 황급히 옷을 입고 모텔을 빠져나왔다. 생각해 보니 그녀의 연락처조차 몰랐다. 그날 이후 bar를 매일 찾았지만 그녀는 나타나지 않았다.

육체적 만족을 선사해 주었다고 생각했는데, 그건 나만의 착각이었던 것일까? 의문스러웠다. 나중에야 여자 경험이 많아지면서 단지 하룻밤 대상에 불과했다는 사실을 받아들일 수 있었지만, 당시의 나는 그러한 사실을 받아들이지 못했다. 늘 가슴에 한가득 의문을 가진 채로 그녀와 함께했던 bar를 찾았다. 2주일 동안이나. 사실 그녀와 다시 만나기 위해서 bar를 찾은 것만은 아니다. 또 새로운 만남이 나를 기다리고 있을 것이라는 기대가 있었기 때문이었다. 하지만 2주일 동안 매일 bar를 찾았음에도 먼저 다가오는 여인은 없었다. 그제야 나는 그날 있었던 일이 특별한 사건

이라는 사실을 깨닫게 되었다.

이후로도 나는 자주 bar를 찾았다. 혼자 온 여인이 있으면 먼저 시선도 건네 보고 시선을 피하지 않으면 술을 사 주었다. 하지만 섹스까지 이어지기는 쉽지 않았다. 그런 행위를 하며 스스로가 어떤 급인지 파악할 수 있게 되었다. 누가 보아도 미인이라고 여겨지는 여자는 나에게 아무런 관심이 없었다. 괜찮은 여자는 종종 내 관심에 응답하곤 했다. 평범한 여자는 스무드하게 옆자리에 앉아 대화를 나눌 수 있었다.(종종 거절도 당하긴 했지만. 혼자 오는 평범한 여자와 대화를 나누는 것은 어렵지 않았다.)

하지만 이러한 견적들은 성형을 하고 난 뒤 쓰레기통으로 가게 된다.

여인들 2

　bar에 혼자 온 평범한 여인들과 대화를 나누는 것은 쉬웠다. 하지만 섹스로 넘어가는 과정은 쉽지 않았다. 여자들은 생각보다 처음 본 남자와 자는 것을 두려워했다. 연락처를 교환하고 공을 들여야 마음의 문을 열었다. 하지만 당시의 나는 도박에 미쳐 있었고 공을 들일 에너지가 없었기에 그다지 섹스를 하지 못했다.

　괜찮은 여자들은 더 힘들었다. 옆자리에 앉는 것조차 거부하는 케이스가 많았고 연락처는 교환하기는 더 힘들었으며 섹스는 거의 불가능이었다. 미인이야 더 말해 무엇 하랴. 그래도 나는 자주 bar를 찾았고 종종 평범한 여인들과, 가뭄에 콩 나듯 괜찮은 여인들과 섹스를 했다.

　나는 도박 다음으로 섹스에 빠져들었다. 새로운 여인들과 섹스를 하는 것이 무척이나 쾌락적이었기 때문이다. 그리고 섹스를 하고 난 후에 그 허무함 느낌이 좋았다. 더는 흥분 상태가 아니게 된 것이 좋았다. 당시의 나는 도박 때문에 늘 흥분 상태였기 때문이다. 휴식이 필요했는데, 여인과 섹스를 하고 나면 긴장이 풀리고 진정으로 휴식을 취할 수 있었다. 하루에 3~4시간밖에 자지 못했는데 섹스를 하고 나면 숙면을 취할 수 있었다.

　그러다 성형을 하게 되었다. 갑자기 평범한 여자들과 섹스를 하는 것이 쉬워졌다. 대화에서 굳이 흥미로운 이야기를 안 해도 섹스까지 갈 수 있었다.(오해는 하지 마라. 어디까지나 상대적으로 그렇다는 이야기지, 쉽게 여자들과 섹스를 했다는 말이 아니다. 난 하루키 소설의 주인공이 아니었다.) 도박으로 채우던 부분이 비게 되자, 여자로 그곳을 채우기 시작했다. 사실 여자가 없었더라면 도박을 줄일 수 없었을 것이다.

그렇게 자주 bar를 찾았고 새로운 여인과의 만남을 계속해서 시도했다. 시간이 좀 더 지나자 신기하게도 성공률은 이전과 같아졌다. 왜 그랬을까? 나는 어느새 평범한 여자들에게는 시선을 주지 않고 괜찮은 여자들에게만 시선을 주고 있었다. 그리고 접근하지도 못했던 미인들에게 접근을 하기 시작한 것이다. 내가 급이 올라갔다는 판단이 서자, 평범한 여자들이 주는 쾌락이 떨어졌다. 어째서 인간은 이토록 교활한 것일까.

솔직히 말해 여자와 하룻밤만 지내는 것이 갈수록 공허해져 갔다. 하지만 어쩔 수 없었다. 여자들은 나와 사귀는 것을 원하지 않았다. 그들에게 있어 나라는 존재는 하룻밤의 연인이나 짧게 만나는 대상이었지 장기적인 인연이 아니었다.

괜찮게 생긴 고졸의 백수는, 짧은 만남의 대상이 될 순 있어도 친구들에게 보일 수 있는 연인이 될 수는 없었다. 나는 일탈의 대상에 불과했다. 하룻밤을 함께 보내고 집으로 돌아와 연락을 취하려고 하면 프로필 사진이 남자 친구와 함께 찍은 사진으로 변하는 케이스도 있었다. 나는 딱 그 정도였다.

거기에서 벗어나고 싶은 마음도 있었지만 사회적 포지션을 변화시키려는 노력의 크기는 너무도 커서 단기간에 변화를 주기란 불가능했다.

결국 현실을 받아들이기로 했다. 나는 노력과는 거리가 멀었기 때문이다.

취객

　원래 나는 적당히 취기가 오를 때까지만 술을 마셨다. 하지만 그날은 작업도 실패하고 기분이 꿀꿀해서 취했음에도 계속 술을 마셨다. 섹스가 무척이나 하고 싶었지만 bar 안에는 더 작업을 할 여자도 없었다. 그래서 거리로 나왔다. 가게 앞 의자에 앉아 담배를 피우고 있는데, 맞은편 가게의 문 앞에서 쪼그려 앉아 담배를 피우는 여자가 눈에 들어왔다. 그녀는 술에 많이 취한 듯 눈이 좀 풀려 있었다.

　이제 술집에서 이성에게 접근하는 것이 쉬웠지만, 길거리에서는 그럴 용기가 없었다. 하지만 그날은 술에 취해서인지 여인에게 말을 걸고 있는 자신을 발견하고야 말았다. 이대로 집에 들어가기 아쉬워서 그런데 근처 술집에서 한잔하자고 제안했다. 운이 좋게도 그녀는 흔쾌히 수락했다. 우리는 근처에 있는 술집으로 들어가 함께 술을 마셨다.

　나는 늘 첫 시도에 성공을 거두곤 한다. 그리고 그것이 일반적인 일인 줄 알고 여러 번 시도를 하지만 첫 시도가 운이 좋았다는 걸 깨닫게 된다. 그날도 운이 좋았다. 그녀는 나와 함께 모텔로 향했고 나는 그녀의 육체를 맛볼 수 있었다. 가슴이 많이 크진 않았지만 모양이 예뻐서 쉴 새 없이 빨았다. 그녀가 그만 빨라고 했지만 나는 멈추지 않았다.

　도박은 줄었지만 여자와 술은 늘었다. 기분 좋을 정도로만 마시던 게 완전히 취해 버릴 때까지 마시는 걸로 변했다. 어느 순간부턴 여자는 뒷전이고 술을 마시기 위해 bar를 찾았다. 취하는 것이 좋았다. 어릴 땐 왜 술을 먹는지 이해가 가질 않았는데, 드디어 그들을 이해하게 되었다.

그날도 과음을 하고 거리로 나왔다. 함께 술을 먹자고 할 대상을 찾다가 갑자기 내가 원하는 것은 섹스인데 굳이 술을 마시자고 할 필요가 있는가, 란 생각이 들었다. 그냥 여자에게 바로 섹스를 하자고 말하고 싶은 충동이 들었다. 마침 근처에 홀로 있는 여자가 있었다. 나는 그녀에게로 다가가 외로워 보이는데 섹스를 하는 게 어떻겠냐고 물어보았다. 그 여자는 나를 미친놈 보듯이 보며 자리를 피했다.

거기서 멈췄어야 했는데, 술에 취해서 그런지 좀 더 해 보고 싶어졌다. 나는 세 명에게 더 섹스를 하자고 말했다. 그 말을 들은 여자들은 황급히 자리를 피했다. 그렇게 미친 짓을 하고서 집으로 가려 하는데, 또 홀로 있는 여자가 보였다.

나는 그녀에게 다가가 섹스를 하자고 말하지 않고 함께 밤을 보내자고 말했다. 그녀는 내 눈을 뚫어져라 보기만 하고 아무 말이 없었다. 나는 그녀의 손을 잡고 근처에 있던 모텔로 향했다. 방 안에 들어가자마자 격하게 입술을 탐했다. 그대로 침대에 쓰러져 옷을 벗기려고 하는데, 그녀의 손이 나의 손을 막았다. "이건 아닌 것 같아." "왜?" "이건 아니야." "왜? 여기까지 왔잖아." 그녀는 나의 손을 뿌리치고 자신의 가방을 챙겨 방을 나가려 했다. 제지하고 싶었지만 참았다. 천장을 바라보며 현관문이 닫히는 소리를 들었다.

다음 날 아침 잠에서 깨어나 냉장고에 있던 음료수를 마셨다. 나는 정말 미친놈이구나. 경찰서에 잡혀가지 않아 다행이었다.

그날도 나는 취해 있었다. 바텐더와 이야기를 나누며 블랙 러시안을 마시고 있었다. 그렇게 시간을 보내고 있는데 한 남자가 다가왔다. 혹시 나이가 어떻게 되세요? 그는 20대 후반에서 30대 초반으로 보였는데 비비 크림을 발라 얼굴이 하얬다. 년도가 바뀌어 나의 나이는 21. 만으로는 19살이었다. 혹시 직업이 뭐예요? 백수. 그는 일자리가 있는데 같이 일해 보는 것이 어떻겠냐고 말했다. 나는 고개를 저었지만 그는 이 일을 하게 되면 술과 여자를 공짜로 얻어갈 수 있다고 말했다. 취해 있지 않은 상태였다면 꺼지라고 했을 테지만, 취해서 그런지 호기심이 일었다. 나는 어떤 일이냐고 물었다. 그는 마침 지금 출근하는 길이니 관심 있으면 따라오라고 말했다. 나는 그를 따라 bar를 나섰다. 그는 나를 데리고 룸식 술집으로 안내했다. 함께 한방으로 들어가니 테이블 위에 잔이 세팅되어 있고 벽에는 노래방 기계가 있었다.

그는 자신을 만난 걸 행운으로 알라며 이런 기회는 흔하게 오는 것이 아니라 말했다. 어떤 일을 하는데요? 그냥 술 마시러 온 여자들 비위를 맞춰 주면 된다. 내가 볼 때 너는 아줌마들한테 인기가 많을 것 같다. 요즘 아줌마들이 많이 와서 너 같은 타입이 필요했어. 선수도 부족하고. 그때 누군가 방으로 들어와서 초이스를 봐야 한다고 말하고 나갔다. 그는 내게 초이스를 보자고 말했다. 취해서 머리가 잘 돌아가진 않았지만 뭔가 이상했다. 내가 왜 여기서 이러고 있는지 이해가 가질 않았다. 잠깐 화장실을 간다 하고 밖으로 도망쳤다.

잠에서 깨어났을 때 자괴감이 밀려왔다. 남창이 될 뻔했구나.

악몽을 꿨다. 하루 종일 우울했다. bar의 문이 열리자마자 안으로 들어가 술을 마셨다. 취할 때까지. 취하고 나서도 계속. 나를 괴롭히는 과거의 기억들로부터 도피하기 위해 계속 잔을 비웠다. 바텐더가 너무 빨리 마시는 거 아니냐고 했지만 무시했다. 좀 더 취하고 싶었다. 완전 인사불성이 되어 bar 밖으로, 거리로 나왔다. 거기서 필름이 끊겼다.

정신을 차려 보니 해가 떠 있었다. 천장이 있어야 할 자리에 하늘이 있었다. 찌뿌둥한 몸을 일으켜서 옆을 보니 토사물이 있었다. 아마 나의 것인가 보다. 그 순간 정신이 번쩍 들었다. 이게 무슨 짓이지? 이거 완전 개새끼의 길을 가고 있잖아? 이대로는 안 된다. 이대로는.

그날 이후로 나는 bar를 찾아도 한 잔만 마셨다. 두 잔 이상은 절대로 마시지 않았다. 내가 술을 끊기를 기대했는가? 나는 그 정도로 자제력이 뛰어난 사람은 아니다.

발기 부전

　사실 나는 남들만큼 느끼지 못한다. 지루도 심했고 섹스를 해도 사정하지 못할 때가 많았다. 불감증이 있었단 말이다. 그래도 괜찮았다. 상대방이 만족하는 걸 보며 심적인 만족을 얻었으니까. 하지만 어느 날 발기 부전이 찾아왔다. 키스를 해도, 애무를 받아도, 발기가 되질 않았다. 내 나이 21. 만으로 19에 불과한데, 발기 부전이 찾아온 것이다.

　실망한 파트너의 시선을 받으며 자괴감에 시달렸다. 며칠간 그 눈빛이 잊히지가 않았다. 운동이 부족해서 그런가 싶어 매일 한 시간씩 러닝을 했다. 하지만 발기가 되질 않았다. 위기감을 느꼈다. 내겐 섹스마저 허용되지 않는 것인가? 해도 해도 너무했다. 신이 있다면 어디 나한테만 왜 이따위로 구는지 물어보고 싶었다.

　왜 그대는 나에게 이리 가혹한 것이오. 신은 감당할 수 있을 만큼의 고통만 준다면서 왜 이러는 겁니까. 섹스는 하게 해 주세요. 이 나이에 고자가 되어 버리다니 너무한 거 아닌가요. 케겔 운동도 해 보고 스쾃도 해 보았지만 발기가 되질 않았다.

　죽어 버리고 싶었다. 이따위 썩어 빠진 몸뚱이로 태어나다니. 저주받은 육체였다. 어쩔 수 없이 여자를 멀리해야 했다. 발기가 되지 않는데 다 무슨 소용이 있나. 그렇게 자괴감이 시달리며 하루하루 보냈다.

　결국 나는 비뇨기과를 찾았다. 이렇게 젊은 나이에 발기가 안 돼서 병원을 찾다니. 의사는 나의 말을 듣더니 심적인 문제인 것 같다고 말했다.

약을 처방해 줄 테니 관계를 가지기 1시간 전에 복용하라고.

다행히도 약은 효과가 있었다. 예전만큼 강직도가 강하진 않았지만 어쨌든 발기가 되었다. 이제 문제가 없을 것 같았다. 하지만 새로운 문제에 직면하게 된다. 바로 콘돔을 끼면 발기게 풀려 버리는 것이었다. 다시 한번 병원을 찾았지만 의사는 운동을 하라는 말만 되풀이했다. 운동은 충분히 하고 있는데. 이건 해결 방법이 없어 보였다.

어쩔 수 없이 나는 콘돔을 끼지 않고 섹스를 했다. 당연히 육체적 만족도는 올라갔지만 심적인 부담이 생겨났다. 혹시나 임신을 하게 되면 어떻게 하냐는 걱정이 나를 휘감았다. 섹스를 해도 개운하지가 않았다. 이건, 참다운 섹스가 아니었다.

어떻게 하나 고민하다가 병원을 찾았다. 정관 수술을 하기 위해서였다. 하지만 나는 정관 수술을 받지 못했다. 받아주는 의사가 없었기 때문이다.

유부녀

　길거리를 걷다가 괜찮게 생긴 여자가 눈에 들어왔다. 나이는 20대 후반 정도로 보였다. 나는 그녀에게 다가가 같이 커피 한잔하는 게 어떻겠냐고 물었다. 그녀는 잠시 망설이다가, 자신의 핸드폰을 만지작거리더니 번호를 알려 주었다. 집으로 돌아와 카톡을 확인했다. 프로필 사진이 없는 그녀에게 인사를 했다. 답이 바로 왔다. 느낌이 좋았다. 우리는 바로 다음 날 저녁에 만나기로 했다.

　그녀는 소주가 먹고 싶다고 했다.(나는 소주를 별로 좋아하지 않는다.) 그래서 우리는 술집에서 만나 소주를 마셨다. 술자리를 짧았고 우리는 바로 모텔로 향했다. 나는 그녀를 정성스럽게 애무해 주었고 달아오른 그녀는 어서 빨리 넣어 달라고 애원했다. "기다려." 나는 침대 위에서는 느긋하고 여유로웠다.

　섹스가 끝나고 그녀는 바로 옷을 입기 시작했다. "가려고?" "응. 빨리 가야 해." 나는 담배를 피우며 그런 그녀를 지켜보았다. 홀로 남은 나는 줄담배를 피우며 tv를 틀고 영화 한 편을 보았다. 그러고 잠에 들었다.

　다음 날 아침 그녀의 육체가 떠올라 연락을 하려고 카톡을 켰는데, 프로필 사진이 추가되어 있었다. 그녀가 행복하게 미소를 짓고 있었다. 남편과 아이 옆에서.

　한 여자가 홀로 술을 마시고 있었다. 그녀는 남편과 싸우고 홀로 술을 마시러 나온 상태였다. 결혼한 지는 3개월. 나는 그녀가 유부녀라는 이야기를 듣고 모텔로 갈 생각을 접고 그냥 이야기나 하다 가려고 했다. 하지만 이야기를 나누는 중간중간에 그녀는 자꾸만 내 몸에 손을 대었다. 우리는 그날 섹스를 했다. 유부녀인 것을 알았음에도 섹스를 한 것은 그날이 처음이었다. 우린 그날 이후로도 섹스를 했다. 솔직히 나는 속궁합이 그렇게 좋다고는 못 느꼈는데, 그녀는 항상 남편 것보다 크다는 둥 애무를 너무 잘한다는 둥, 굉장히 만족스러워했다.

그녀는 나와 사귀고 싶어 했다. 영화도 보고 카페도 가고 정말 연인이 되길 원했다. 하지만 나는 그저 파트너로 만족했다. 모텔이 아닌 그런 공개적인 장소에서 데이트를 하다가 발각되어 귀찮은 일을 만들고 싶지 않았다. 내가 그녀에게 원한 건 섹스밖에 없었다.

그녀는 연락을 자주 하라고 말했고 카톡 답장을 성의 있게 하라고 요구했다. 그런 점이 굉장히 귀찮았지만, 맞춰 주었다. 내가 원하는 것을 얻기 위한 비용이라 생각하며.

하지만 관계를 몇 번 가지자 더 이상 그녀에게 흥미가 없어졌고 나는 이별을 요구했다. 그녀는 받아들이지 않았다. 차단을 해도 새로운 계정으로 계속 연락을 했다. 그리고 내가 사는 곳까지 찾아왔다. 남편이 알게 되면 어쩌려고 이러는 거야. 우리 남편은 나밖에 몰라서 바람 한 번 피웠다고 이혼하자고 하지 않아. 웃기게도 그녀는 이혼을 하고 싶어 하지 않았다.

진지하게 이사를 갈까 고민했다. 그렇게 방을 알아보고 있는데, 그녀에게 장문의 메시지가 왔다. 너를 정말 사랑했으며 영원히 잊을 수 없을 것 같다는 내용이었다. 그 메시지를 끝으로 우리의 관계는 끝이 났다.

기둥서방

며칠 째 악몽을 꿨다. 너무나 우울해서 술을 마시지 않으면 견딜 수가 없었다. 저녁에 되자마자 Bar로 들어갔다. 블랙 러시안을 연달아 마시니 내가 술을 마시는 것인지 술이 나를 마시는 것인지 헷갈렸다. 진토닉을 주문하니 정장을 입은 중년의 바텐더가 말을 걸었다. 무슨 안 좋은 일이라도 있으신가요? 네. 실례지만 어떤 일이? 인생의 어느 지점부터 엇나가기 시작한 건지 모르겠어요. 어디서부터 잘못된 걸까요? 누구나 그런 시기가 있지요. 머지않아 좋은 날이 찾아올 겁니다.

좋은 날? 그런 것이 존재한단 말인가. 흐릿해지는 정신으로 계속 술을 마셨다. 한 잔을 더 주문하려 하는데 옆자리에 파란 스커트를 입은 여자가 앉았다. 자리도 많은데 굳이 옆자리에 앉은 이유는? 그녀와 눈이 마주쳤다. 또렷하고 깊은 눈매였다.

그녀가 무슨 말을 했으나 알아듣지 못했다. 어느새 나는 키스를 퍼붓고 있었다. 그런데 이게 꿈인지 현실인지 분간이 가질 않았다. 그녀의 가슴은 한 손에 잡히지 않을 만큼 풍만했다. 팬티가 찢어질 것처럼 조여 왔으며 사타구니가 아팠다. 그녀의 혀가 나의 페니스를 감쌌다. 부드럽다. 이것이 꿈이라면 영원히 깨지 않았으면 좋겠다.

상체를 일으키니 머리가 깨질 듯이 아팠다. 옆을 보니 어젯밤 Bar에서 봤던 파란 스커트의 여자가 전라의 모습으로 잠을 자고 있었다. 매끈한

등을 손가락으로 쓸어내리다가 토를 할 것 같아서 화장실로 갔다. 입을
헹구고 방으로 돌아오니 그녀가 잠에서 깨어나 있었다.

잘 잤어? 아니. 속이 너무 안 좋아. 나는 말없이 담배를 피웠다. 오늘은
말을 잘 안 하네. 어제 밤에는 삶의 이유에 대해서 몇 시간이고 떠들더니.
기억이 안 나. 평일인데 학교 안 가도 돼? 응. 직장인이었어? 백수야. 우리
는 옷을 입고 모텔을 나와 작별 인사를 나누었다.

"다음엔 술에 취하지 않은 상태로 이야기를 나눠 보고 싶어."

잠에서 깨어나니 다정이에게서 카톡이 와 있었다. 우린 이번에 카페에
서 만났고 다정이가 원하던 대로 맨 정신으로 이야기를 나누었다. 술에 취
하지도 않았는데 솔직하게 모든 걸 다 말했다. 그녀는 나의 말을 경청해
주었다. 눈물마저 흘리면서.

"나랑 사귀려면 자살은 하면 안 돼. 그게 우리가 만나는 유일한 조건
이야."

나는 약속했다. 더 자살을 하지 않기로. 이번에는 다정이가 고백했다.
자신은 술집에서 일한다고. 정상적으로 살아가는 여자였다면 짧은 만남
으로 끝나지 않았을까. 그녀가 화류계에 있었기 때문에 나를 이해해 줄
수 있지 않았을까. 우리는 연인이 되었고 일주일에 5일은 그녀 집에서 잠
을 잤다. 점차 속옷이나 옷가지들을 놔두게 되었고 사실상 동거를 시작했
다. 연인과 함께 사는 건 새로운 경험이었다. 우리는 다투지 않았다. 생활
습관 같은 것들이 비슷했기 때문이다. 무엇보다 속궁합이 너무 잘 맞았
다. 생리를 하는 시기를 제외하면 매일 섹스를 했다.

다정이는 2차를 나가지 않는다고 했다. 그럼에도 대기업에 다니는 사람
들보다 벌이가 좋았다. 그렇다고 씀씀이가 헤프지 않았다. 나중에 이 생

활을 청산하고 카페를 차리는 것이 목표라고 했다. 가만히 있기는 좀이 쑤셔서 밥과 빨래 같은 집안일을 도맡아 했는데 고맙다는 말과 함께 돈을 주었다. 소설에서나 보던 기둥서방이 여기 있었다. 일을 나가는 다정이를 보며 자괴감이 들었지만 내겐 그것을 막을 의지나 돈이 없었다. 나는 그렇게 연인의 품속에서 안주하기 시작했다. 그래도 그녀를 만나면서 도박을 끊게 되었다.

개새끼

또 악몽을 꿨다. 소리를 지르며 잠에서 깨어났다. 땀에 흠뻑 젖은 티셔츠를 벗어 던지니 다정이의 목소리가 들렸다.

"괜찮아?"

"괜찮아."

뜨거운 물로 샤워를 하며 더러운 꿈의 흔적들을 지워 버리기 위해 애썼다. 피멍이 들 정도로 애인의 육체를 탐닉했다. 실오라기 하나 걸치지 않은 그녀의 가슴에 얼굴을 파묻고 슬픔을 토했다. 머리를 쓰다듬는 그녀의 손길은 어머니를 떠올리게 했다.

"너는 나를 사랑하지?"

"당연하지. 누가 나만큼이나 너를 사랑하겠어."

그 말은 어느 정도 치유의 효과가 있었다. 하지만 가슴 깊숙한 곳에 있는, 손길이 닿지 않는 곳에서부터 퍼져 오는 통증은 사라지지 않았다.

다정이와의 생활은 안정감을 가져다주었다. 하지만 다시금 우울감이 정신을 오염시키기 시작했다. 나는 낮부터 술을 마시며 그림자처럼 뻗어오는 불안감으로부터 벗어나려 발버둥 쳤다. 술을 마실 때만큼은 미래에 대한 불안이 느껴지지 않았다. 하지만 다음 날 아침이면 불안감은 미친 듯 퍼졌다.

술에 빠져들었지만 다정이는 그것에 대해 한마디도 하지 않았다. 그녀도 직업 때문에 늘 술 냄새를 풍겼기 때문이다. 잠이 든 그녀의 숨소리를 안주로 삼아 보드카를 마시고 있는데 이대로 살면 안 된다는 자각이 들었다. 문득 나의 삶을 글로 옮겨 보면 어떨까, 하는 생각이 들었다.

편의점에서 노트와 펜을 산 뒤 집으로 돌아왔다. 아무도 없는 방 안에 앉아 깨끗한, 첫 페이지를 펼치고 펜을 잡았다. 글이 써지지 않을 줄 알았는데, 무척이나 잘 써졌다. 신들린 듯 펜을 휘갈기며 노트에 흑색을 칠했다. 결과물을 훑어보니 문장은 너무나 만족스러웠고 비유는 더 나을 수 없을 정도로 신선했다.

만족감으로 가득 차서 잠자리에 들었는데, 다음 날 노트를 펼치고 절망감을 느꼈다. 어제는 분명 살아 숨 쉬던 문장들에서 시체의 썩은 냄새가 났다. 어째서 이따위 쓰레기에 만족감을 느꼈는지 이해할 수가 없었다. 잉크가 묻은 페이지를 찢어 쓰레기통에 박아 버렸다.

미친 사람처럼 1주일 동안 글을 써서 단편 하나를 완성시켰다. 하지만 결과물은 만족스럽지 않았다. 도입부는 괜찮았으나 중간쯤부터 무너져 있었다. 도대체 어디서부터 수정을 해야 할지 감이 오지 않아 답답했다.

이후로 2편의 단편 소설을 썼지만 어느 것도 만족을 주지 못했다. 소설을 쓰면 쓸수록 나라는 인간이 글쓰기에 재능이 없는 것 같아 참담함을 느꼈다.

이렇게 시간을 낭비할 바에야 일이라도 하자는 생각에 아르바이트 면접을 보았지만, 출근 날짜를 통보받게 되자 도박으로 꽤나 큰 수익을 얻었던 것이 생각나 근로 의욕이 생겨나지 않았다. 결국 출근하지 않고 술만 퍼 마셨다.

자신이 더없이 한심했다. 이따위 정신 상태로 무엇을 할 수 있을까. 이런 자책도 스스로를 변화시킬 수는 없었다. 술과 담배 그리고 연인의 육체만 탐닉할 뿐이었다. 갈수록 우울에 파묻히기 시작했다. 다시 글을 써 보려고 했지만 부담감이 너무 심해서 글이 나오질 않았다.

자꾸 이대로 살아 봐야 뭐 하냐는 생각이 들었다. 나는 아무런 가치가 없는 인간이었다. 결국 또 자살을 시도했다. 또 실패로 돌아갔지만. 허무했다. 모든 것이 다 허무했다. 이대로 사는 건 의미가 없었다. 고향으로 돌아가고 싶어졌다. 하지만 다정이와의 섹스는 경산으로 가는 길을 막고 있었다. 포기하기 힘든 쾌락이었기 때문이다.

어느 날 나는 연인에게 말하지도 않고 짐을 챙겨 하숙집으로 돌아왔다. 하숙집에는 이미 짐이 정리되어 있었다. 난 그대로 서울역으로 향했다. 기차를 기다리는데, 다정이에게 전화가 왔다. 우리는 30분 동안 통화를 했다. "나를 사랑하긴 한 거야?" 마지막으로 뱉은 그녀의 말은 지금까지도 잊히지가 않는다.

부정하지 않겠다. 나는 개새끼다.

이쯤 되면 고향에 돌아온 내가 바뀌었으리라고 생각한 사람은 아무도 없을 것이다. 그 생각은 반은 맞고 반은 틀렸다. 나는 반 년간 성실히 노가다를 했다. 하지만 나의 본질은 변하지 않았다. 언제든 타락의 길을 걸을 수 있는 상태였다.

자살도 지겹다

나는 바다를 찾았다. 또 자살을 하기 위해서. 해변에 가방을 놔두고 바다로 걸어갔다. 한 걸음 두 걸음 바닷속으로 들어갔다. 차가운 바닷물이 나를 적셔갔다. 이번에는 죽어야지. 이번에는 실패하지 말아야지. 물이 입술까지 닿았을 때, 발은 닻을 내린 것처럼 움직여지지가 않았다. 육체가 말을 듣지 않았다. 나는 돌처럼 서서 날아가는 기러기만 바라보았다.

결국 되돌아갔다. 또 실패했다. 자살은 불가능한 것일까? 나는 왜 자꾸 이러는 것일까. 누군가에게 보여 주기 위해서? 신에게 보여 주기 위해서? 아님 자신에게 보여 주기 위해서? 고등학교 때 나뭇가지가 부러지지만 않았어도.

가방에서 담배를 꺼내고 모래사장에 누워 하늘을 보았다.

하. 자살도 지겹다.